保育実践力
アップシリーズ
5

みんなで 保育実践を科学する

大切なことを自分たちの言葉にする

保育実践研究会 編著

ひとなる書房

はじめに

　私が保育士になりたての頃、先輩保育者がてきぱきと子どもに指示をし、手際よく日課を進めていくのを見て、早く一人前にならなければと一生懸命でした。ところが、それを真似たところで願いどおりに子どもは動いてくれず、力のなさを痛感して落ち込むばかり。それでも子どもたちと笑いあえた時はうれしく、保育の仕事っていいなと明日が楽しみになりました。そうして一喜一憂の日々を過ごしていく中で、漠然と『何か違う』という感情が芽生えてきました。あるとき、「今日の制作はＡ君には無理だから、園庭で遊ばせてきて」と言われ、Ａ君を誘って園庭へ出ました。広い園庭で一人遊ぶＡ君の姿を見ながら、私は何でこんなことをしているのだろう、と思ってしまいました。

　そんな出来事をきっかけにモヤモヤ感が次第に増していくのですが、それを上手く言葉にして表現できないもどかしさも、ますますつのっていったのです。

　何が正しいのか。自分に足りないものは何か。答えを探しに様々な研修会や講座に通ったり、本を読んだりしましたが、なかなか確証につながりません。

　そんなとき縁あって当研究会の仲間と出会いました。実践事例を出し、それを素材に自由な保育論議を楽しみながら、その中でそれぞれが自分なりの気づきを得ていく。相手を尊重しつつも、「自分はそう考えない」と、違う意見を率直に言い合えることの驚き。「子どもの気持ちを分かったつもりにならない」「保育に正解はない」「答えは子どもが教えてくれる」等々、考えてもみなかった意見に最初は戸惑うこともありましたが、しばらくするうちに予想外の意見が出るとワクワクするようになりました。保育の話ができる充実感を味わいながら、私にもその場面にいた者にしか伝えられないことがある、稚拙な文章でも事例を出してみて、自分なりの言葉で伝えて一緒に考えていこう、と思うようになっていきました。

　研究会がつくられた目的には、もう一つ、自分たちはどんな思いや願いを持ち、どんなことを大切にしながら保育を営んでいるのかを、自分たちの言葉で伝える力をつけよう、ということがありました。当事者こそが語りうる保育のリアルを、広く世の中の方々に知ってもらい、子どもたちの面白さやすごさ、

保育の役割や可能性に共感してもらい、保育をよくする応援団になってもらいたいということでした。

　この本に載せた事例は、決してお手本として書いたものではありません。「これでいいのかな？」と迷いつつ子どもと向き合い、失敗談も含めてありのままの記録です。実践をすすめていくためには、自分はこう考えたと言葉にし、間違ってもいいから行動してみて、それを仲間と確かめていく力が必要です。その繰り返しの中で、自分たちの保育で大切にしたいものが次第に明確になっていくのではないでしょうか。

　保育の方法や技を探すのではなく、子どもたちが安心して自分を表現でき、ケンカもあるけれども居心地のいい、そして大人も子どもも「楽しかったね」と言える暮らしを繰り返していける場所になるには……？　どんな園でもそんなことを話し合える仲間や職場になってほしい。そういう願いが数年間にわたった本作り議論の基調にあったように思います。

　答えを探して走り回っていたあの頃から、子どもたちとたくさん心を動かしてきた今、本当に大切なことは、保育という営みを子どもと一緒につくっていくプロセスを楽しむこと、保育者同士の関係においても、正解を探したり教えあうことではなく、一緒に考えたり探し出そうとすることを面白がれることだと思うようになりました。それが、みんなで保育実践を科学するということのはじまりではないでしょうか。

　この本に目を止めてくださったみなさんが、その時の疑問や迷いを言葉にして仲間と語り合い、明日の保育の糧となり、子どもに早く会いたくなる。そして、保育を楽しい面白いと思ってくださるきっかけになればと願っています。

　友だちや同僚とこの本を開きながら「私は違うけどなー」「そうは思わないけどなー」と、そんな意見も出し合い、一年目の保育者のドキドキしながらの発言も優しい眼差しで拾い、時には子どもとの大笑いしてしまうような出来事も話題にしながら楽しんでいただけると幸いです。　　　　　　（山下あけみ）

本書の使い方

　本書は、保育の実践「事例」から、「ここに注目！」や「コメント」まで、全て保育者が記録を書き、語り合い、自分たちの言葉を探しながらつくりあげた本です。言わば、保育者による保育者のための本です。最後の「おしゃべりタイム」のコーナーで、読者の皆さんにも語り合いに参加していただくことで本書が完成することを願いました。

【リード文】　事例の魅力をちょっとひねった切り口で表現します。その"振り幅"を楽しんでください。担当：加用文男

【事例】　保育者が日常のなにげない一場面のなかで、心に残ったり、素敵だと思ったり、他の人に伝えたくなる場面を自由に書いたものです。
月例会では毎回2〜3本、延べで100以上の事例を論議してきました。
本書を編むにあたって4部構成にくくり、56事例に絞りました。11人が執筆していますが、執筆者が現に所属している園の事例とは限りません。
子ども名・園名は、仮名にしています。

朝の保育の始まりです。子どもたちにとっては親との別れの時ですが、温かく迎えてくれる先生や友達との出会いの瞬間でもあります。ベテラン保育者の文章から。

事例❶
一日の始まりは、笑顔で

心ゆるめ、整えるひととき

　私の園の0歳児クラスは、担当制をとっている。かず君（8か月）とせい君（7か月）が、私の担当である。朝の受け入れも、できるかぎり担当が対応し、家での様子や体調などを聞いている。
　今朝も、まずかず君が登園。0歳児室の入り口で顔を合わせると、「ふふふっ、おはようございます」と、母親と抱っこされたかず君に、笑顔であいさつをする。
　すると今朝のかず君は、（おっ、いたんだ。よしよし、今日はいいスタートだ）とばかりに、ニヤリと笑顔を返す。

> 笑顔と笑顔で会話しているみたい。

　そういえば4月の初日に、かず君親子に初めて出会った日から、私は満面の笑顔で毎朝の受け入れをしている。それでも最初のころは、（だれ？　なれなれしく、やたらにニコニコして寄ってくる、この人はだれ？）と言いたげな顔で、こわばっていた。が、まもなく馴染んでくると、（いたいた、ぼくのお気に入りの人がいて、よかった）になり、笑顔を返してくれるようになった。
　しかし、いつも笑顔を返してくれるわけではない。睡眠不足や便秘気味だと、ムスッとした顔を見せるときもある。そんなときも笑顔で、「そっかそっか、今日は眠いんだね」と、ありのままを受け止め、母親から私に抱っこのバトンタッチ。そして、私の「お母さん、行ってらっしゃ

> ありのまま！　この積み重ねがきっと安心感をはぐくんでいくんだろうな。

10

4

〔写真家がとらえた保育の中の子どもたち〕本文の余白ページに保育者におなじみの写真家川内松男氏の作品で構成しました。どの写真からもさまざまな物語が動き出し、声（音）まで聞こえてきます。お互いに浮かんだ物語を披露しあいながら、プロのカメラマンの保育をみる眼と保育者のそれとの相異を語り合えば、新たな気づきが生まれるかも……。

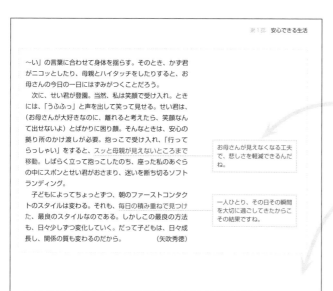

【ここに注目！】 子どもの見方や保育者の関わりで、イイネ！ここがポイントだね！というところを取り上げて、その理由をつぶやいています。

【コメント】 コメントのタイトルは研究会の議論の中で確かめ合った、保育で大切にしたいキーワードやキーフレーズです。

文章は事例の執筆者とは別の保育者が、事例から読み取れることや意味づけをして原案を出し、みんなで検討して作り上げました。

【おしゃべりタイム】 ここでのテーマに関連する話題を読者の方に投げかけていますが、それにこだわらず、子どものことや保育のことを、友だちや同僚とグチも含めて、おしゃべりのきっかけにしてください。

〔現場からの保育論考〕 1～4部の最後に掲載しています。どこかから「正解」を借りてくるのではなく、これまでの自分たちの実践と学びのなかで大切にしてきていることに基づきながら、執筆者がテーマに沿って自分なりの「論考」を提案し、それを、例会で何度も議論して原稿化しました。「みんなで保育実践を科学する」ひとつの側面として受け取ってください。

Contents　みんなで保育実践を科学する

現場からの保育論考　遊びは手段？ 目的？　94 ／遊びこそ学び？ 学びは遊びから？　96

第3部　みんなで子どもを育てる　99

第4部　任せることで育ちあう子どもたち 141

安心できる
生活

かけがえのない毎日を
子どもと一緒につくり
丁寧に繰り返す

朝の保育の始まりです。子どもたちにとっては親との別れの時ですが、温かく迎えてくれる先生や友達との出会いの瞬間でもあります。ベテラン保育者の文章から。

一日の始まりは、笑顔で

心ゆるめ、整えるひととき

おはよ！

　私の園の0歳児クラスは、担当制をとっている。かず君（8か月）とせい君（7か月）が、私の担当である。朝の受け入れも、できるかぎり担当が対応し、家での様子や体調などを聞いている。

　今朝も、まずかず君が登園。0歳児室の入り口で顔を合わせると、「ふふふっ、おはようございます」と、母親と抱っこされたかず君に、笑顔であいさつをする。

　すると今朝のかず君は、（おっ、いたんだ。よしよし、今日はいいスタートだ）とばかりに、ニヤリと笑顔を返す。

ここに注目！

笑顔と笑顔で会話しているみたい。

　そういえば4月の初日に、かず君親子に初めて出会った日から、私は満面の笑顔で毎朝の受け入れをしている。それでも最初のころは、（だれ？　なれなれしく、やたらにニコニコして寄ってくる、この人はだれ？）と言いたげな顔で、こわばっていた。が、まもなく馴染んでくると、（いたいた、ぼくのお気に入りの人がいて、よかった）になり、笑顔を返してくれるようになった。

　しかし、いつも笑顔を返してくれるわけではない。睡眠不足や便秘気味だと、ムスッとした顔を見せるときもある。そんなときも笑顔で、「そっかそっか、今日は眠いんだね」と、ありのままを受け止め、母親から私に抱っこのバトンタッチ。そして、私の「お母さん、行ってらっしゃ

ありのまま！　この積み重ねがきっと安心感をはぐくんでいくんだろうな。

お母さん、行ってらっしゃ〜い

ハイ！

～い」の言葉に合わせて身体を揺らす。そのとき、かず君がニコッとしたり、母親とハイタッチをしたりすると、お母さんの今日の一日にははずみがつくことだろう。

　次に、せい君が登園。当然、私は笑顔で受け入れ。ときには、「うふふっ」と声を出して笑って見せる。せい君は、（お母さんが大好きなのに、離れると考えたら、笑顔なんて出せないよ）とばかりに困り顔。そんなときは、安心の拠り所のかけ渡しが必要。抱っこで受け入れ、「行ってらっしゃい」をすると、スッと母親が見えないところまで移動。しばらく立って抱っこしたのち、座った私のあぐらの中にスポンとせい君がおさまり、迷いを断ち切るソフトランディング。

> お母さんが見えなくなる工夫で、悲しさを軽減できるんだね。

　子どもによってちょっとずつ、朝のファーストコンタクトのスタイルは変わる。それも、毎日の積み重ねで見つけた、最良のスタイルなのである。しかしこの最良の方法も、日々少しずつ変化していく。だって子どもは、日々成長し、関係の質も変わるのだから。　　（矢吹秀徳）

> 一人ひとり、その日その瞬間を大切に過ごしてきたからこその結果ですね。

目の前にいる子と、毎日新たに向き合う

　新しく入園する子どもとその保護者の朝の受け入れは、とても繊細かつ大らかに行うものです。「出会い」から「慣れ」そして「馴染み」へと関係も深まっていきますが、それを支えるのは"歩み寄る笑顔"です。

　子どもと保護者に笑顔を向けることで身も心もゆるめ、包み込む安心感を生み出します。

　泣いて泣かれて困っている親子には、一歩踏み出し寄り添うようにします。実際に歩み寄り接近することで、距離感が埋まり親近感が湧いてくるのです。これは、新入園の親子の受け入れだけの話ではなく、保育園の毎朝の光景に共通するものだと思います。

　また、"寄り添う笑顔"は朝の受け入れだけでなく、一日の保育の中で欠かせない基本の表情であり心構えにしています。保育者は、一日の生活のリズムや手立てを毎日同じようにくり返すことで、子どもが安定し安心感を持つことを目指しています。その積み重ねの中で子どもは、じわじわと力を蓄え新しい育ちの姿を見せます。毎日が同じルーティンのように見えますが、目の前の子どもを見ると決して同じではなく、内なる小さな変化に気づいたり、時にはドラマチックな成長の姿に立ち会ったりして、日々新鮮な毎日です。そのためにも保育者は、寄り添う笑顔で身も心もゆったりと子どもに向き合い、関わっていきたいと思っています。

おしゃべりタイム

朝の受け入れ時に心がけていることはありますか？
"心構え"も人によっていろいろ。"試してみたい"と思える手立ても出てくるかもしれません。

受け入れの後、朝の保育のはじまりです。今日のことは今日のことですが、1歳児でも昨日が今日につながっています。瞬間のヒラメキで昨日の楽しさを今日につなげて危機を乗り切った話です。

事例❷

「あらら〜」で笑いに変える

トラブルの予感が働くとき

　早番の部屋からクラスに戻ると、自由に遊び始めます。この日は、一本橋をつくり、みなで渡りはじめました。

　楽しそうに渡る子どもたちを「どんどんばしわたれ、さ〜わたれ〜♪」と歌いながら見守っていたのですが、実は内心ドキドキしていたのです。というのも、りなちゃんの（他の子の）顔へのひっかきが続いていたからです。4月から手を出してしまうことの多かったりなちゃん。担任間でも理由を探りながら対応を考え、根本的な解決にはならないかもしれないけれど、なるべく担任が近くに付いてトラブルが起こりそうな時には止められるようにしようと話をしていたところでした。しかし、ペアの担任はまだしばらく出勤しません。正直言うと"楽しく過ごしたい"というより"朝から傷を作りたくない"というのが本音のところ。そんな保育者のドキドキも伝わってはしまわないかと、いろいろ考えながら見守っていたのでした。

　すると他の子のようにまだうまく渡れないあいちゃんが、立ち止まってしまいました。後ろの子たちは早く行きたくてジリジリと間がつまっていきます。トラブルの起こりそうな予感。そして案の定、じゅん君が押されて倒れてしまったのです。小さなことでも大声で泣くじゅん君。バ

ここに注目！

これが原因！　とすぐにわからないものもある。探りながら、試行錯誤しながら。この過程で見つけていくのでしょうね。

タンと倒れ、顔を上げた時には眉間にしわを寄せ "さあ泣きますよ" という表情。そこですかさず保育者が「あらら〜」と落ちたことを笑ったのです。「あらら〜」は昨日、じゅん君が給食を食べている時に使ってみんなで大笑いした言葉でした。

その瞬間の子どもの表情の読み取りがあってこそのヒラメキ。

　すると、転んだじゅん君も "あれ？" という表情で「あらら〜」と笑い、もう一度落ちて転ぶ真似をしたのです。そして「あらら〜」と笑うと、りなちゃんも真似をしてドタッと転がり、同じようにニコッと笑い "おもしろいね" と目で共感を求めてくるので "そうだね" と笑い返しました（まだ言葉があまり出ていないりなちゃん、きっと「あらら〜」と気分だけは真似していた笑顔だったのだと思います）。

　その後、一本橋渡りはしばらく続いたのですが、いつもより押さないように気を付ける姿が多く見られました。そして、じゅん君が転んだところにまゆちゃんが覆いかぶさり、その後ろからりなちゃんものっかってしまって……と、いつもなら手が出そうでドキッとする場面もあったのですが、何事もなく立ち上がって笑いあいながらスタートに戻っていました。3人の表情からは楽しい雰囲気の中、転んでしまっても「ま、いっか」という気持ちが伝わってくるようでした。　　　　（下田浩太郎）

このゆるさがいいね〜。心がひとまわり大きくなったんだろうね

瞬間の"ヒラメキ"が保育を救う

　この事例で保育者は、イヤな予感を予測に変え、心の中ではさまざまな葛藤や不安を抱きながら見守っています。そして予測通りのことが起きます。その瞬間、保育者の頭によぎったのは、昨日のじゅん君起点の楽しい出来事の言葉、「あらら〜」。保育者の "ヒラメキ" が、窮地を救います。「あらら〜」のおかしさの魔力に包まれる子どもたち。じゅん君だけでなく、他の4人の心もゆるめることに成功しました。

　なぜ、こんなにうまくいったのでしょう？　それは、子どもたちと保育者が、おもしろかった共通体験を覚えていたから。おかしさを共有して遊んだ経験は、また明日につながり、次の楽しい経験になっていくからです。

　もし、この保育者が心配顔で見ていたら……、転んだ瞬間に保育者が「あっ！」と言ったら……。否定的な見守りは子どもたちに伝わり、どんどん緊張感を高めてしまいます。

　日々の一人ひとりの子どものおもしろい言動や、その言動に対する他の子どもたちの反応や雰囲気を共に味わい記憶しておくと、とっさの時の引き出しになります。

　今日の保育の振り返りをしたとき、鮮明に覚えていることの中には、大切なものが含まれているものです。その振り返りは、明日の保育に活かせることが多いものです。

おしゃべりタイム

　保育の中で、子どもたちと見つけた、おもしろい言葉はありますか？　その子だけでなく、みんなを和ませる言葉は、「ドテ」とか「ズコ〜」、「オットットット〜」「アチャ〜」などの擬音語・擬態語だったり、「なんじゃそりゃ」などの保育者がよく使う言葉だったり、言葉の響きと繰り返しを楽しめるものが多いと思います。

事例 ❸

さみしくなったら
ギュッてしてあげる

不安も一緒に抱きしめて

　年度当初は緊張が見られた子たちも日に日にクラスに慣れていき、進級してきた３歳児も５月の連休を過ぎる頃には泣く姿は減っていく中、はるちゃんは活動の節目などでまだまだ涙を見せることがありました。

　そこで帰りの会でこんな話をしました。「ばらさん（３歳児）は、まだ初めての幼児クラスでドキドキすることや、ママやパパに会いたくなっちゃうことだってあるよね。そんな時には先生に甘えてもいいんだよね。寂しくなっちゃったらいっぱいギュッてしてあげるよ。ギュッてしてもらえると安心することもあるよね。でも、先生だけじゃなくてお兄さんお姉さんたちだってしてくれるよきっと。寂しい子がいた時に守ってくれる人？」と聞くと、たくさんの子が手をあげました。そして口々に「ギュッてしてあげる」「まもってあげるよ」「いいこいいこしてあげる」といった声が聞かれました。その時は泣いていなかったはるちゃんは、みんなの声を聞いてニコッとうれしそうな表情を浮かべていました。

　そこでもう一言。「ばらさん（３歳児）だけじゃなくて、ひまわりさん（４歳児）だってゆりさん（５歳児）だってさみしくなっちゃうときあるし、先生だってしてほしいと

支えるのは大人だけではない。みーんなで支えていければいいことが伝わるね。

大人だって同じと思えることでより安心できるね。

きあるんだぁ。さみしいよ〜」と話して、近くのゆきちゃんに甘えると、ゆきちゃんだけでなく、みんなが集まってきてギュっとしたり頭をなでてくれました。そんな姿を大きな口をあけて笑いながら見ていたはるちゃんを見ながら、本当に寂しくなった時、そんな気持ちを安心して出せるクラスにしていきたいなあと感じていました。

　翌朝。おままごとをしていたあきちゃんとめいちゃん（4歳児）が「せんせい、ママにあいたくなっちゃったって」と双方からはるちゃんの手を握って連れてきました。どうやら遊んでいる最中に寂しくなってしまったようです。

　そこで「そっか、ママに会いたくなっちゃったのか」とはるちゃんに話しかけつつも、「そんな時お姉さんたち、どうする？」と2人に聞いてみました。すると、ニコッとしてはるちゃんの方を向き、両手を広げて「ギュッ」「ギュー」と言いながら抱きしめ、泣き止んだはるちゃんと共にまた遊びへと戻っていきました。

　それからというもの、とくにはるちゃんが泣いていなくても、「はい」とはるちゃんに摘んだ花を届けたり、遊びの途中で「はるちゃん、（今日は）だいじょうぶ？」と声をかけたりと、気に掛ける子の姿がたくさん見られ、そのせいかはるちゃんが寂しくて泣く姿はほとんど見られなくなったのでした。

（下田浩太郎）

> その気持ちに保育者が応えるのではなく、お姉さんにつなげているんだね。

感情は表に出すことで豊かに耕される

　はるちゃんは、なぜ泣くのでしょうか？　ホッとできる人・時間・場所が、まだ見つからない。緊張感の弱め方が、まだわからない？　そんなはるちゃんに、誰でもさみしい思いをするし、それを表現していいんだよと提案し、保育者も甘えて見せる。保育者も弱みを見せることで、はるちゃんも「そうか〜」と力が抜けたことでしょう。そして翌朝、お姉さんたちが両手を広げてギューとしてくれて、みんなが言っていたことが実感できたのだと思います。子どもたちのやさしさって、こんなふうに育まれていくのでしょう。一人ひとりが安心して自分を出せる場こそ、安心感のある自分たちの居場所なのでしょうね。

　ところで、子どもの感情をどのように受け止めていますか？　ドキドキ・緊張・不安・さみしさ・悲しみ。「泣きたいときには気が済むまで泣いていいよ」「甘えていいんだよ」とメッセージを伝えながら、子どもの気持ちを抱きとめ和らげていく。そのためには、スキンシップをとったり、不安な気持ちを言葉にしてあげたり、その思いを聴いたりすることも大切でしょう。しかし、子どもの気持ちは最終的には、自分でしか切り替えられませんから、保育者はそのことを分かったうえで支え、寄り添うことが肝心です。

　これは、喜怒哀楽どの感情においても同じことが言えます。子どもは、安心できる生活の中でさまざまな自分の感情を素直に表現し、まわりの反応を受け止めながら、体感し自覚していきます。自覚した感情を、大人に言葉で表現してもらったり寄り添ってもらったりすることで、感情は耕され肥えていき、さらに安心感が確かなものとなるのだと思います。

昨日みんなに伝えたかったのに、上手く伝えられなかった女の子。担任が朝、そのことを母親
から聞いて……

みんなではなせて うれしかった

話し合いのある暮らし

　秋に、トロ箱で池を作り、ザリガニ80匹を育てていた
時のことです。ある日、池の中のザリガニ数匹が鳥に食べ
られてしまうという事件が起きました。話し合いの結果、
池に網をかけることにした子どもたちは、鳥が園庭に来る
たびに「とり〜！」と怒りながら、シャベルを持って振り
回したり、大声を出したりして、懸命に鳥を追い払うよう
になりました。しかし、クラスには「やったかどうかもわ
からない鳥にシャベルを向けたりするのはかわいそう」と
感じていた一人の女の子、なみちゃんがいました。なみ
ちゃんはクラスの子にその気持ちを伝えようとしましたが
うまくいかなかったことを翌朝、母と共に担任に伝えてく
れ、クラスで話し合いをもつことになりました。

　なみちゃんの気持ちを伝え「昨日の（鳥を追い払った時
の）気持ちを教えて」とたずねてみることにしました。

　「ザリガニをたべてほしくなかった」「ちいさいあかちゃ
んまでたべられたら、おおきくなれないとおもった」「ママ
とつったザリガニがたべられちゃったかとおもうと、かな
しくてなみだがでた」など素直な気持ちがあげられます。
子どもたちは、ザリガニを守りたいという気持ちであった

家庭でのやりとりをも、クラ
スに投げかけることが大事だ
よね。

ていねいに確認することから
はじめると、話し合いの主人
公は子どもたちになるよね。

ようでした。その後、自然に「でも、やりすぎちゃったかも」「ザリガニもだけど、とりもかわいそうだったかも」とのつぶやきがぽつりぽつりとでてきました。

　そこで、今度は鳥の気持ちを考えてみることにすると「ザリガニがいたっておもって、おりてきたのかな」「いけまでみにきたんだ」「もしかすると、おなかすいてたんじゃない」「だからか」と子どもたちは思いを巡らしながら話を進めます。すると、あらためて悲しげな表情を浮かべた子どもから「とりさんもかわいそう……」との思いがあげられました。「たべられたザリガニもかわいそうだったけど、とりもかわいそうだったんだ」「どっちもたいせつにしてあげたいな」と子どもたち。

> 答えはひとつではないこと。この思い、大切にしたいです。

　そこで、このようなことに気がつかせてくれたなみちゃんに「じゃあ、もし鳥がザリガニを食べに来たら、どうしたい？」と聞いてみました。すると、なみちゃんは、答えは決まっているといった様子で堂々と「ザリガニはまもりたい」と答えます。そして、周りの子どもたちからは、すぐに「でも、スコップはダメだね」「こえをだして、おいはらおう」「びっくりしないくらいのこえで」と提案がありました。

　話を終えた後、パッと嬉しそうな表情を浮かべたなみちゃんからは「みんなではなせてうれしかった」という言葉がありました。　　　　　　　　　　　（上田隆也）

> かなえたかったのは主張を通すことではなくて、自分の思いを伝えることだったんだよね。

＊この記録は『季刊保育問題研究』295号38頁〜46頁に掲載したものをアレンジしました。

“とりあえずの答え”で子どもと生活をつくる

　友だちに伝えきれなかった思いが、母親から担任に、そしてクラスの友だち全員に伝わり、響き合って、なみちゃんに戻ってきました。途切れることのないこの“つながり”がとても温かい。昨日と今日のつながり。子どもと保護者と保育者、みんなのつながり。その“つながり”こそが、“日々を丁寧に積み重ねてきたこと”の証なのだと思います。

　一人ひとりの思いを是も否もなく「そうなんだぁ」と受け止め、それをクラス全体に投げかけていく。そして、その子の思いを一人ひとりが自分の思いと照らし合わせ、それぞれに自分の思いを伝え合える場を作ることが保育には欠かせません。

　そのためには、まだ、自分の思いを言葉で伝えられない赤ちゃんの頃から、「泣くも良し・怒るも良し・拒否も良し、もちろん笑うも・楽しむも・受容も良し」と、ありのままの思いを大人が受け止めていかなければ、子どもはみんなとは違う思いを伝えられるようにはなりません。

　そのなかで一人ひとりが自分の正しさを主張しつつ、他者の正しさと照らし合わせることで、とりあえず「どうするか」を子どもたち自身で導き出すのだと思います。

　絶対に正しい答えは存在しないと思うので、大人が事前に正解を作ってはいけません。そのつど子どもたちが導き出す、今日の一人ひとりの“とりあえずの答え”を楽しみながら、明日みんなにつなげていくことで、生活や保育を子どもたちと一緒につくっていきたいですね。

事例 ❺

ぼくの "お兄さんパンツ"は?

チャンスは突然やって来る

　私の園では、排泄の自立に向け、子どもたちの憧れも込めて、布パンツを"お兄さんパンツ""お姉さんパンツ"と呼んでいる。

　しょう君（2歳8か月）は、まわりの子が次々と"お兄さんパンツ"になっていく中、トイレで排尿できるときもあるが、紙おむつがいつもぬれている状態だった。保育者も保護者も、"お兄さんパンツ"にするタイミングを決めあぐねていた。

　そんなある日、トイレに行ったしょう君。トイレの入り口には、友だちの"お兄さんパンツ"が置いてある。排尿を済ませ、自分の紙おむつをはきながら、「ぼくの、"お兄さんパンツ"は?」と、そばにいた保育者に聞いた。その保育者はすぐに、他の保育者にしょう君が言った言葉を伝える。保育者みんなで、「今がチャンス!」とピカッと感じ、お迎えに来た母親に、その様子を伝える。母親もさっそく、次の日に"お兄さんパンツ"を用意してくれる。そ

この一言の真意をくみ取れるところがステキ。

子どものサインをタイミングよくキャッチ。この連携がいい。

こで、しょう君に「お母さん、"お兄さんパンツ"持って
きてくれたね」と言いながら、そのパンツをはかせると、
うれしそうにパンツをはき、遊びだす姿も誇らしげだった。
　それからまもなく、しょう君はおもらしも減ってきて、
排泄の自立は大成功だった。子どものやる気って、スゴ
イ！

　　　　　　　　　　　　　　　　　　　　（矢吹秀徳）

同僚の直感を共有できるチーム力

　保育者の思いが子どもに届いていたのでしょうね。置かれていた友だちの布パンツを見て、
「ぼくだってお兄さん、お兄さんになりたい」と思ったからこその一言です。その一言を逃さ
ず、担任間で共有し合う。クラス内で一人ひとりの子の課題が共有されているということです
ね。だから「今だ！」と即座に保護者に伝えられる。その直感力が保護者をも、自立を支える
連係プレーに巻き込んでいきます。排泄の自立は自由への一歩。み～んなで支えたいですよ
ね。

　一方で、排泄の自立は年々遅れている実感があります。手間のかからない紙おむつからの脱
却を躊躇する家庭が増えているように感じられます。でも、子どもたちにとっては不快感を放
置される、遊びを中断されるといった現実があるうえに、いつか自立を迫られる課題が先送り
されているとも言えます。ならば保育園がリードして、子ども自身が自立したい時に自立でき
る援助をしていきませんか。

　計画的に保育を営むこと・緻密に保護者に伝えることは、とても大切なことです。でも同じ
くらいにタイミングを捉えることも大事だと思います。保護者に伝える場合には、そのタイミ
ングを職員間で確かめ合うことが不可欠です。そのために保育者は、「今だ！」をとらえる能
力を、個人でもチームでも高めていくことが欠かせません。

おしゃべりタイム

排泄の自立に関しては、園によっていろいろな取り組み方があるようです。違いを知ると面白いですね。

同じく2歳児クラス。毎日の生活は実にこまごまとしたことの繰り返し。時には子どもだって、もう、やだーとなる。そこにエンジンかけるには？

事例 ⑥

もうやだ〜、手伝って〜

いつかは一人でできるようになるから

　しん君（2歳2か月）は、戸外遊びのあとテラスに来ると、そこに寝そべって動こうとしない。だから、いつも入室が最後になってしまう。（もっと遊びたかった）（いろいろやるのが、面倒くさい）など、気持ちはわかる。

　そもそも、入室前のテラスでのルーティンがたくさんある。脱いだ靴を靴箱にしまう→帽子をしまう→靴下とズボンを脱ぐ→手足洗いタオルを持つ→手足を洗う→手足をタオルで拭く→タオルと脱いだ靴下とズボンを持って、ようやく入室。

　しん君にとっては、はるかかなたのゴールに思えるのかもしれない。

　そのうえ、部屋に入ってもルーティンは続く。タオルと靴下とズボンを自分の汚れ物袋に入れる→トイレに行き、排泄→トイレの中で紙パンツをはき替え、ズボンをはく→部屋で上衣を脱ぎ、新しい上衣を着て、完成。

　テラスで、しん君は、（もうやだ〜、手伝って〜）と思いながら寝ている。途中で、代わるがわる保育者が、「しん君、まわり（の友だちの動きを）見て一」とか、「自分

子どもに求めている行為を一度こんなふうに分析してみると、子どもの"大変さ"が分かる。

ゴールは遠いな〜という見通しがあるからこその行動なんだろうね。

のことは自分でするのよ」と声をかけ励ますが、効果なし。けっきょく、最後尾についている保育者が、「しん君、ワープするぞ〜」と言いながら抱き起こし、しん君が自分で動き出すように手伝う。手伝うというはずみをつけないと、エンジンがかからないのである。手伝い方によっては、「やだ！」と拒否されることも、しばしば。そんなときは、手伝いの量を増やしたり、おもしろい口調にしてみたり、保育者を替えてみたりする。

　おもしろい口調とは、保育者が一人二役をし、「○○君」「はい」「靴しまいます」「はい、しまいました」「帽子掛けます」「はい、掛けました」と行動を言葉にし、しん君と手をつなぎながら一緒に動いてみたりするのです。すると、なんとかしん君も自分でやり始めたりするのです。

　しん君が自分でやったことを褒め、最後に着替え終えたとき、「やったー、やればできる！」と認め、終了。いつかは、一人でできるようになるからね。　　　　（矢吹秀徳）

> 手伝うということをネガティブにとらえていないのがいい！

> 拒否を受け入れ、柔軟に対応している。"自分で決める"が大切にされているね。

平等とは、どの子にも特別扱いをすること

　身のまわりのことを、テキパキとすませられる子にとってはなんでもないこと。でもそんな子ばかりじゃありません。作業を一つひとつ分けて考えてみることで、その子にとって、どれほど大変なことかを理解しやすくなります。

　入室するまでに7行程、入室後にも5行程を一連の作業として行なわなければならないと考えると、「もうやだ〜」と言いたくなる気持ちもわかります。実は靴、ズボン、タオル、手、足と分ければ、その2〜3倍にもなりますから……。

　それを「もっと、遊びたい」「面倒くさい」と思っている子に、一度に要求することは酷というものです。なので、作業の数を減らすことで、やる気を引き出すワープ作戦をとっているのですね。

　しかも、保育者が"やってあげる"のではなく、保育者が一人二役の会話をすることで"しん君に代わる誰か"がやってくれていることにしてしまう。そうすることで、しん君にやり方のお手本を見せるとともに、"誰か"はいつかいなくなる準備をしている。

　一つひとつ覚えてできるようになれば、『いつかは一人で"全部"できるようになる』はず。

　一人ひとりの今と向き合い、他の子とは違っても、"その子に見合った特別な扱い"をすることで、その子が必要とする手助けを、どの子に対しても充分にしていきたい。特に、年齢相応の力を発揮できずにいることに対しては、今、身につけている力に応じた"おまけ"をすることで、すべての子どもたちを職員みんなで"特別扱い"することで経験の不足を補っていきます。

お昼になったら、子どもたちお待ちかねの給食の時間です。でも、時にはその気になれないときも。そんなときの子どもの必殺技の話です。

 事例 **7**

必殺!上目遣い

伝わるって、おもしろい

散歩でたくさん歩いて遊んだ1歳児さん。保育園に帰ってきても疲れからなのだろうと推測しましたが、かずき君は自分から動こうとしませんでした。「疲れちゃったの?おくつ脱がしてあげるからね」。そんな会話が、私の後ろから聞こえてきました。かずき君の目線を感じ、気が付いた保育者がお世話をしています。そのまま、食事のテーブルに座らせてもらうところまで一緒に過ごしました。

そして、食事の時間。いつものように食事がスタートしました。けれどかずき君は、手を出そうとしません。その代わりに、目線の合う人を探しているようでした。その時、一人の保育者(フリーの職員)と目が合い、すかさずかずき君は必殺技をかけました。熱い目線を送り、アゴを引いて、肩をすくめるのです。するとかずき君の隣に来て、「食べさせて欲しいのね」と思いをくんで、スプーンを手にして食べさせてくれました。

けれどその保育者はすぐに退勤時間となり、「じゃあね、あとは自分で食べてね」と去っていきました。次はどうするのかと様子を見ていると、隣の席のえりかちゃんに熱い目線を向けました。その視線に気づいたえりかちゃんが、

ここに
注目!

もしこのことに気づかなかったら……どうなってたのかなぁ〜??

すぐに声をかけず、ようすを見たことでえりかちゃんとのやりとりにつながったね。

おいしい?

「どうしたの？　たべさせてほしいの？」とかずき君に声をかけました。首をコクリとしてまた目線を送ると、えりかちゃんがかずき君のスプーンを持って、食べさせてくれたのでした。しかも「おいしい？」と聞くえりかちゃん。この甘い空気感に、見ていた私までこそばゆい感じになりました。このまま様子を見ていてもよかったのですが、えりかちゃんもまだ食べ終わっていなかったため、「ここからは私が！」と言って、かずき君の相手は私に交代したのでした。

（小林加奈）

> 普段から、保育者の関わり方を子どもはよく見ていることがわかるね。

> なんと幸せなお昼の時間。

子どもを"充電"できる保育者に

　「目は口ほどにものを言う」。すばらしいかずき君の戦術ですね。たしかに、子どもに熱い目線を向けられると、声をかけてお世話したくなってしまいます。

　同じクラスでも高月齢のえりかちゃんは、かずき君を小さい（年下の）子と思っているのでしょう。いつもまわりで見ている光景を思い出し、声をかけ食べさせています。子どもは、まわりの大人の言動をよく見てよく聞いているから、真似したくなるのでしょう。えりかちゃんの熱い目線は、かずき君と保育者の関わりを見ていたのかもしれません。そう思うと保育者は、日常の立ち居振る舞いを丁寧に行っていきたくなります。

　えりかちゃんが、これまでに保育者にしてもらった温かな関わりをかずき君にしてあげる。そのかずき君も、いつか誰かにしてあげるようになる。そんな温かいやさしさの連鎖を生む関わりを保育の中で展開していきたいものです。

　この事例のような毎日が繰り返されていく中で、私たち保育者は、かずき君が目線の訴えだけでなく言葉などの手段が使えるようにもなってほしい、甘えを受け止め支えてもらいながらも、自立に向けて動き出してほしい、という願いも持つのです。

　そんな時に考えるのは、保育者はまさに"電源"であるということです。

　甘えを受け止め、やる気パワーを"充電することができる保育者"でありたい。充電できた子どもが動き出すために、自分で気持ちを奮い立たせて歩みだす、その背中を励まし見守っていく。そんなことを毎日の積み重ねの中で醸し出していくことで、急がず無理なく甘えから自立へ向かうことができるのではないでしょうか。

おしゃべりタイム

　あなたは、子どもの甘えや訴えの目線をどう受け止めていますか？

給食となれば、主役は給食室。その先生たちが、食べている子どもたちの前に出て来て一緒に
楽しむのも保育です。

事例 ⑧

大人気! 保育園カレー

匂いが生み出す保育

　園庭にある登り棒の下で、グルグル回っている２歳児ク
ラスの子どもたちが、「あっ、何かの匂いがする」「そうだ
ね、何だろう」と話している。調理室から流れてくる匂い
を、いつも嗅ぎつける子どもたち。「これは、ニンニクの
匂いだな」と私が言うと、「そうそう」と相づちを打つこ
う君（２歳７か月）。そのうち、子どもたちに覚えのある
匂いが、プ〜ンと。「あっ、カレーだ」「そうだ、今日はカ
レーだ。やったー！」と盛り上がっている。が、その匂い
に慣れてくると、それまで楽しんでいた遊びを続ける。す
ずちゃん（２歳６か月）は、「お腹空いたね」と言いなが
ら、砂のままごとを続け、私に「ハイ、カレーライス」
と、ご馳走してくれる。

　入室するころには、カレーライスのことなど忘れている
と思ったら、着替えをしながら、「今日は、カレーライス
だね」と子ども同士で笑いながら話している。

　なんといっても大人気の保育園カレー。食べ終えるの
が、早いのなんの。ほとんどの子が、お代わりをしてい

子どもたちは臭いに敏感。草
いきれとか、日なた干しの布
団の匂いとか、大人になって
も風景ごと思い出します。園
庭を雑草ぼうぼうにした保育
園があるそうです。

ここに
注目！

うれしいことはすぐに「ごっ
こ」にして楽しむよね。

ハイ、
カレーライス！

ありがとう！

る。そこへ、喫食状況を見に来る調理さんが部屋に入って
くると、「おいしかった」「もう食べちゃった」「おかわり
した」と、それぞれに訴えている。

　そんな中、こう君とすずちゃんは、「こうやって〜」と、
手の指をパクパクするジェスチャーをしている。これは調
理さんが、いつも帰るときに、「じゃ〜、バイバイ」と
言って、指をパクパクするので、それが面白くて要求して
いるのだ。調理さんもリクエストに応えて、「じゃ〜、バ
イバイ」と、両手でパクパクポーズをする。

　子どもたちは、大歓声。一緒に、「バイバ〜イ」と、パ
クパクポーズをして見送っている。

> 毎度お約束のかけあいが心地
> よく、楽しいんだね。

　そして、このクラスの「ごちそうさま」は、語呂合わせ
で、「おじぞうさま」。私が、「え〜、おじぞうさまじゃな
くて、ごちそうさまでしょう」と言うのもセットで楽しん
でいる。　　　　　　　　　　　　　　　　（矢吹秀徳）

職員全員が保育者です

　匂いも、保育の大事な要素です。心地よい匂いを嗅ぐと心が和みます。なかでも“美味しい
匂い”は、ホッとするとともに、ワクワクさせてくれます。その匂いを生みだしてくれるのが
調理さんたち。子どもたちはその美味しい匂いをすぐさま遊びに取り入れてしまいます。乳幼
児期に、五感を用いた活動をたくさん経験できるようにしたいですね。匂いをたっぷり楽しん
だ後は、お待ちかねの給食。調理さんはもちろん美味しい給食も提供してくれます。

　それだけではなく、保育室に積極的に足を運んでくれ、子どもたちとやりとりをしてくれる
ことで、子どもたちは美味しさを反芻できます。美味しいご飯をお腹いっぱい食べると、やっ
ぱり心が和み、おふざけも楽しめます。逆に調理さんたちは、子どもたちの食べ具合を見た
り、子どもたちと触れ合うことで「もっと喜んでもらおう」という意欲がかきたてられ、より
美味しい給食づくりにつながります。そう、調理さんたちは保育に欠かせない存在なのです。

　調理さんだけではなく、用務さんも、栄養士、看護師も。もちろん園長や副園長だって。職
種や立場に捉われることなく、子どもたちの笑顔を望みながら様々な大人が、それぞれの立場
で子どもたちと関わることで、子どもたちの心地よさをより高めようとしているのです。

おしゃべりタイム

"匂いと保育"にまつわるエピソードはありますか？

5歳児にもなれば配膳もお手のもの。配膳だって生活の一部だから、楽しみながらやりたい。
ご飯がウンコ？　もちろん、ちがいます。

事例 ⑨ # これ、ウンコ

漫才コンビ結成!

りょう君は、友だちのことは大好きで関わりたいという思いはあるものの、なかなか気持ちよく関われないことも多く、本人の苦労が多い子でした。

彼が困っているときは徹底的に寄り添う、時には彼に僕の気持ちも汲んでもらう。そのような「寄り添い、寄り添われる関係」を目指し、りょう君と関わってきた一年間。秋の頃には彼の僕に対する関わりに変化が見られるようになりました。そのことが誇らしいことかはわかりませんが、彼が僕とふざけ合えるようになったのです。

夏頃までのりょう君は、僕のことを愛してやまない感じでした（もちろん、気持ちが崩れた時には引っ掻かれ、ものを投げられといった感じですが……）。だから、誰かが僕のことを少しでも笑おうとすると「おい!」「なんでそんなこというの?」「Ａせんせいがかわいそう!」「ねー!」と、全力でかばってくれるのでした。しかし、秋になるとそのような姿はなくなっていったのです。

10月頃のことです。いつものことなのですが、この日も入室後「せんせい、めをつぶってて」というりょう君の要求にこたえ「目をつぶってるよ～」と言いながら、薄目

ここに
注目!

子ども側に立って考えることができると、見えてくるものがあるね。

困っている子を支えるという関わり方でなく、一人の人間同士として対等の関係を目指しているんだね。

を開けて配膳の準備を進めていると「めをあけていいよ」という彼の声。目をあけると、コップを机の上に置き着替え終わったりょう君が、こっちを向いて背筋を伸ばして座っています。「おっ」と驚いたそぶりをして、拍手を送ると、笑顔で近づいてきて、両手を僕の前にかざしながら、口を開けます（手洗い、うがいも完了したよの合図）。「いいじゃん」と声をかけると、彼の配膳が始まります。そして、この日はどのグループよりも早く、りょう君の白イルカグループの配膳が終わり、いただきますの挨拶まで僕も定位置（りょう君の隣）に座り、談笑して過ごすことになりました。ここで、最近のお気に入りのやりとりが始まります。「この子は〜くんでしょ」「この子は〜ちゃん」と、一人ずつグループに座っている子を指さし、名前を確認するりょう君。そして、最後は僕を指さし「これ、ウンコ」と、僕のことをウンコ扱いして笑うのです。それに対して「おーーーい！」と僕が突っ込みを入れると、仲間とゲラゲラ笑って、もう一度そのくだりを繰り返し、3回目の繰り返しの時に「これ、Aせんせい」と言って、互いににっこりと笑い合う。その後は、僕の番です。「この子は、〜ちゃん」「この子は〜ちゃん」と指していき、最後のりょう君のところで（名字からツクの響きをとって）「これ、ツクツクボウシ！」などと言ってあげます。すると、そこにりょう君が「おーい！」と返し、これまたみんなで大笑い。最後はもちろん「これ、りょう君」で互いににっこりと笑い合うのです。このようなやりとりが大好きになりました。

　春の頃の関係とは一味違った、でも互いに楽な関係になれたような気がしています。また、人一倍プライドが高い彼が、そのような場面で大笑いできるようになったことにも、彼が大きくなったことを感じます。
（上田隆也）

> 二人とも絶妙なボケとツッコミ！　これはウケる！

> その子に合わせたレベルとリズムで返す瞬発力がスゴイ！

> そのプライドの裏に自信のなさが隠れていたことを、担任はわかっていたのでしょうね。

ふざけ合いも、保育の質の要素

　誰だって年齢相応には上手くできないこと、"弱さ"を一つや二つ抱えています。その原因の多くは経験不足。必要な経験を適切な時期に充分にできなかったことによります。その子の育ちの現状の理解に努め、不足している関わりや活動は、年齢にこだわらずに提供していこうとする姿勢が"子どもに寄り添う"ということなのでしょう。次第に子どもは、自分が必要としている関わりをしてくれる大人を頼るようになります。でも、いつも応えられるわけではないため、がっかりさせてしまうことも……。それでも、「仕方ないか」と少しずつ大人の都合も受け入れてくれ、"大人に寄り添ってくれる"ようになります。

　"ふざけ合える関係"は、大人と子どもの"互いに寄り添い・寄り添われる関係"がたっぷり醸成された関係かもしれません。

27

お昼寝前なのに言い争いの声。絵本は相方の先生が読んでくれることになったので、部屋を出て大泣きの子の話をゆっくり聞いてあげると、気づけなかった子どもの心の奥にジーンとなります。

どうして、ケンタばっかり……

心の揺れに触れる

夏本番を迎えたある日。午前中はプールに入って、全身で水の感触を目一杯感じた子どもたち。私の担任する3歳児クラスは、今年から大きな幼児用プールに入るようになり、広いプールの中で遊ぶ楽しさを感じるようになってきました。

給食を食べ終え、お昼寝の時間までのこの遊びの時間は、心も身体も満たされてゆるやかな時間が過ぎていきます。「プール、たのしかったね」「はじめて、ワニ（泳ぎ）できた！」と積み木で遊びながら、今日のプールでの楽しかったことを伝えあいます。

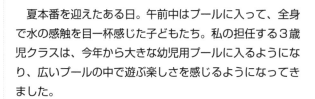

ここに注目！

こういう時間こそ保障してあげたいね。

給食を食べ終えていない子の相手をしながら、食後の片づけをしていると、穏やかに遊んでいた積み木遊びのほうから大声が聞こえました。「こわさないで！」「こわしてない！」とケンタとシンが、顔を近づけて言い合いをしていました。そしてすぐに、互いにとびかかろうとする姿が目に飛び込んできました。

私がかけよった時には、2人とも涙があふれていました。「どうしたの？」と2人の間に入って話を聞こうとすると、そんな私を押しのける2人の様子は、「どうして……」と気持ちのすれ違いを悲しみ、お互いの思いを確認したがっているように感じました。普段の2人は「こうしよう！」「いいね」「やっぱりこうがいいんじゃない？」と思いを感じ合いながら遊んでいるため、まずは部屋の隅に移動してゆっくりと思いを話せるようにしました。

言葉にならない心の言葉を感じとってあげられるっていいな。

「ケンタはここにかいだんをつけたかったのに！」と言うケンタの意見に、「もうこれでおしまいがよかった」とシンも思いを話します。「どうしておしまいなの！　どうして！」とまた涙があふれます。シンも「だって、もうおしまいがよかったんだもん」と涙。このままでは話が平行線なことを感じ、2人のやり取りを聞くことにしていた私でしたが、間を仲介することにしました。「ケンタ君は、階段を作りたかったの？　シン君は、これで完成にして人形を入れて遊びたかったの？」とお互いの思いを整理しま

事例10

した。2人は「そう！」と頷きます。「困ったねー。どう
したらいいかな」と言うと、ケンタが力強く「かいだん、
かいだん」と言い、シンは「なし、なし」とまた言い合い
になってしまいました。

　「そしたら、今日は『かいだん！』『なし！』って言う遊
びをすることにしようか」と提案してみると、ハッと同時
に私の顔を見ました。やっと話を聞いてもらえると思った
ので「だって、その遊びも楽しそうでしょ？『かいだん！』
『なし！』」と2人の真似をして言います。今度はケンタと
シンが顔を見合わせて笑いました。「じゃあさ、ここだけ
かいだんつくるのはどう？」とケンタ。「それならいいよ」
とシン。また、2人の遊びに戻っていきました。ひとまず
ホッとした私でしたが、今度は「片付けだよー」の声かけ
で、大泣きするケンタ。「どうして、ケンタばっかり……」
と。

　「どうして、ケンタばっかり」の言葉と、普段こんなに
も大泣きする姿を見せないことも合わさって、理由を探る
ことにしました。そして、"もしかして"と思い当たるこ
とがありました。お昼寝前のお話は相方の先生が読んでく
れることになったので、ケンタと2人で部屋を出ました。

　そして「ケンタ君、おいで」と手を広げ、ぎゅっと抱き
しめました。そのまま「今日のプール、本当は入りたかっ
たんじゃないの？」と聞くと、「そう」と答えました。ク
ラスの子たちがプールで遊んでいる間、ケンタはプールに

> 視点を外すことで力が抜け
> るってことあるよね。

> この時間が作れる体制と連携
> があってこそわかりあえる。

入れなかったので、ホールで遊んでいました。ホールから時折みんなの遊んでいる様子を見るケンタの姿が、プールの中から見えていました。

　そしてもう1つ。「今日の給食も1人で寂しかった？」と聞くと、「うん」と返事がありました。食物アレルギーのあるケンタは、今日は別メニューだったこともあり、みんなのテーブルから少し離れていました。そんなことが重なり、「どうしてケンタばっかり（がまんしなくちゃいけないの！？）」だったのだと、気づかされました。

　「ケンタ君、気がつかなくてごめんね。今日、プールもご飯も1人で寂しかったよね。センセイ、もっと早く気がつけるようにするね。教えてくれてありがとう」と言うと、「いいよ」とケンタの手に力が入りました。「ケンタ君の好きなお話始まってるから、行こう」と手をつないで部屋へと戻りました。　　　　　　　　　　（小林加奈）

う～ん。このときの手の感触。わかり合えた瞬間を感じる。

ふだんと違う子どもの姿には敏感に向き合う

　筆者は、「積み木だけの場面を見ていたら、ケンタとシンの思いのすれ違いだけで捉えてしまっていたと思います。しかし、『どうして、ケンタばっかり……』の言葉に、もっと他に理由があるように感じました。その場面だけで物事を捉えるのではなく、その思いの根底にあるものに気づかされた出来事でした。気づくのに時間はかかってしまったけど、ケンタとはもっと深いところでわかり合えたように感じました」とまとめで語っていました。

　このように、場面にとらわれず、いつもと違う"もの言い"や"強い感情表現"に（おや？なんか違う）と敏感に感じて、その背景を探ろうとします。ケンタ君（他の子に対しても）の日頃の姿をリアルにとらえていたからこそ、「おや？」という感覚が働いたのでしょう。そして、子どもを理解するために、定点でなく文脈で見ることの大切さを伝えてくれています。だからケンタ君の気持ちが見えてきて、ほぐすことができました。

　また、担任同士で意思疎通を図り、ケンタ君と2人だけで話ができるシチュエーションがとれたことに、素敵なチームワークが見てとれます。子どもの対応には"今！"というときがあり、そのおかげでタイミングを逃さず対応できています。一人ひとりを大切にするということは、ケンタ君の一言から心の揺れに気づき、すぐに寄り添うことだと思います。すると、わかってもらっただけでなく、わかってもらっていると感じ、信頼感も深まると思います。

おしゃべりタイム

　聞き逃してはいけない子どもの大切な言葉があると思います。そのような言葉を出し合ってみましょう。その一言をとらえることで、子どもの本当の気持ちにたどりつけるかもしれませんね。

写真家がとらえた保育の中の子どもたち

事例 ⑪

やったー！
みんな寝てる

忍耐の日々から、歓喜の瞬間へ

　０歳児クラスの子どもたちは、４月当初、一人ひとり月齢も生活リズムも違うので、午前寝をする子もいる。なので、子どもの求めに応じて、睡眠をとっている。

　食事後の午後睡眠も、布団でトントンされながら入眠する子、抱っこで入眠する子と、それぞれ。抱っこの仕方も、縦抱っこか横抱っこか、頭の位置は右か左かなど、好みもさまざま。抱っこで入眠しても、布団に寝かせるときに目覚めてしまう子もいる。寝る姿勢も、あお向け・横向き、また布団に傾斜をつけたほうが寝やすい子もいる。

　睡眠時間も30分で目覚める子から、２時間ぐらい眠る子もいる。一人の子が泣いて目覚めると、他の子も起きてしまうことも、しばしば。

　だから、４月に入園した０歳児クラスの子どもたちが、４月の末に初めて、全員眠っている瞬間が訪れると、保育者たちはみんなで、「やったー！」と声を出さずに大感動するのである。この感動を分かち合おうと事務室へ走り、「今、みんな寝てる！」と報告すると、園長が、「えっ、すごい！　どれどれどれ」と、看護師も一緒に０歳児室に向

０歳でも主体的に決めているところがいい！

音は出ていなくても保育者たちの空気はどよめいているよね。

かう。０歳児室に入ると、物音を立てないように、そぉーとのぞき込み、みんなの寝顔を見ると、「おめでとう！」と手をたたくジェスチャーをして、労をねぎらってくれた。０歳児担任みんなが、熱い感動と報われた安堵感に包まれていた。

　しかし、喜びも束の間、一人二人と早々に目覚めるのだった。（あらららら〜）。　　　　　　　（矢吹秀徳）

> 子どもたちみんなが、園という場所を信頼し、安心して眠ってくれた。その思いでつながっているね。

チームワークが生みだす個別対応

　一人ひとりが安心して心地よく眠りにつける関わりを模索し続けてきた担任たち。その丁寧な向き合い方が、クラス全体を安心で覆いつくした瞬間であり、保育者の大変さが報われた瞬間でもありますね。各々の子どもが身につけた睡眠のリズムですから、ズレズレになるのは当然。わかってはいるけれど、「いつかはみんな揃って眠れるようになってほしい」と願いながら保育しています。だって、クラスの子どもたちが『園生活を共有できた』と感じられる光景だから。『当たり前の毎日をスタートできる』と思える瞬間だから。"当たり前の毎日"をつくっていくことが保育ですから。

　ズレズレの睡眠時間が重なった一瞬を、跳びあがるほどに、園長も巻き込んでしまうほどに喜び合える職員集団が、なんだかいいなぁ〜、すごいなぁ〜。保育の喜びを共有できる職員が多いほど、安心は園全体に広がっていくのだと思います。

　それぞれの家庭で育ってきた子どもたちですから、睡眠のリズムも寝方も、寝かしつけられ方も違って当たり前。でも、一人ひとりに合わせるのは、手間がかかります。そのうえ少しずつ、クラス全体のリズムを整えていかなければなりません。そこには担任間の相互の暗黙かつ阿吽のフォローが必要です。つまり、充分な一対一対応は職員のチームワークによってなせる保育と言えるのです。

おしゃべりタイム

みなさんは午睡時の工夫や担任間のフォローをどんなふうにしていますか。

幼児クラスの昼寝明け風景。まだ眠っている子もいる薄暗い中に、ごそごそっと過ごす。当たり前のようでいて、保育の醍醐味を感じさせてもらえます。

くつろぎすぎ?

いいな〜、この風景

　私の園では年中までは午睡があるが、早く目が覚めても寝ている子への配慮や、遊ぶための部屋が確保できないなどの理由で、3時までは目が覚めても自分の布団で横になったまま静かに待つことになっている。

　早く目が覚めた子にとっては退屈な時間で、けっきょく、トイレに通ったり、目が覚めた子同士でくすくす笑いがエスカレートして声が大きくなったり、隣の子を突っついて最終的に口げんかになったりすることもある。子どもたちにとって退屈というより苦痛な時間と思えたし、それを注意している自分にも疑問を覚えた。

　にぎやかになってしまった時になぜ静かにする必要があるかを子どもに話していくうちに、迷惑かけないなら、静かなら遊んでいいのだ、じゃあ、遊び方は子どもたちと考えていけばいい、と思うようになった。

　話し合いで決めるというよりは、目が覚めた子にそのことを伝えてみた。すると最初の頃は、みずき「あそんでいいんだよ」／こうた「なにして?」／みずき「しずかなあそび」／こうた「コマは?」／まいか「ダメでしょ!」などコソコソと話声が聞こえ、吹き出しそうになるのをこらえていたこともあった。

日々の中で感じる違和感を流さないで、立ち止まって振り返ると気づくことがあるよね。

子どもを信じるっていうことだね!

　ある日、副園長が午睡中の部屋にいた私たち担任に用事があって入ってきた。そして「いいな～、この風景」と子どもたちのほうを見て言った。私たちも改めてそっちを見渡すと、起きて着替え、ままごと用の小さなテーブルを出してきて二人で向かい合わせでぬり絵をしている子、起きているけれども布団でまったりしている子、布団の上で掛布団を丸めて背もたれのようにして足を組んで絵本を見ている子、寝ころんだまま横に向き手で頭を支え片肘ついた形で絵本をめくっている子もいた。本当に、何という景色だろうか。確かに寝ている子の迷惑にならない約束は守りつつ、かなり『くつろいだ』態度である。子どもたちは大人に注目されていることに気付いてもまったく気にもしていない。

　担任二人は顔を見合わせ「ぷっ」と吹き出し、私は「まずいですかね、この感じ？」と副園長に聞いてみた。すると「家だとこんなもんじゃないの？」と笑顔で部屋を出ていった。

（山下あけみ）

> ルールが変わらなかったら決してみられない子どもたちの姿ですね。

目的に見合ったルールか、折々に確認していく

　毎日の保育の中で感じた疑問を忘れずに持ち続けることは、とても重要です。そして、その疑問を解決するために子どもたちに聞いてみるのも、一つの解決方法だと思います。園生活をつくっているのは、子どもと保育者なのですから。

　「寝ている子の迷惑にならない」という一つの約束を守れば、何をするかは自由。このような経験は、これから生きていく子どもたちの人生そのものかもしれません。自由と言っても何でも許されるものではないことを、学ぶ機会になっているのではないでしょうか。

　このクラスのように子どもたちの姿に合わせて、目的に見合った生活のルールをつくっていきたいですね。まさに「主体的」に生活するということです。

　ところで、あなたの園の午睡（昼寝・休息）はどのようにしていますか？　保育園の子どもたちは、ほとんど8時間以上集団生活をしているので、休息は必要です。長時間保育の子どもや生活リズムが整っていない子どもにとっては、もっと休息が必要です。

　また、休息の方法や何時までには起こすか、目覚めた子のスペースはあるかなど、今まで当たり前にやっていることを、一度園全体で見直す機会が持てるといいですね。

　園のルールを、神聖化・硬直化せずにできれば毎年見直す機会を設けるといいですね。そして、今いる子どもたちと保育者で納得のいくルールをつくり、それも柔軟につくりかえていくと、そんなにルールに縛られた苦しい思いはしないですむと思います。

おしゃべりタイム

あなたの園に、「どうしてこんなルールがあるのだろう？」と感じたルールはありませんか？
見直す機会もないまま、以前からある化石のようなルールなのかもしれませんね。

園庭で食材を栽培できる条件はどこの園にもあるわけではありませんが、この記録を味わってみると、豊かさの基本はこういうところにあるんだろうなぁ〜と。

ピーマンおいしいね

おいしさは何倍にもなる

　赤・黄・緑色のピーマンの栽培をしていた2歳児クラス。朝、収穫したピーマンを、「これ、調理してください」と、調理室にみんなで持っていく。調理さんが、「はい、今日の3時のおやつの焼きそばの中に入れますね」と、受け取る。すると、子どもたちは満足そうに部屋に戻ってくる。

　そして3時のおやつになり、配膳された焼きそばを見ながら、「このアカとキイロとミドリの細いのが、そうかな？」と子ども同士で話し合っている。さっそく、「いただきま〜す」をすると、あまりピーマンが好きではない子どもたちも、自分たちでつくったピーマンは格別。「ピーマン、おいしいね」と口々に話している。

　そこへ調理さんがやってきて、「他のクラスの焼きそばにも入ってるのよ。おすそ分けね。みんな、どうもありがとう」と伝える。子どもたちは、なんとなく誇らしげである。

　おやつが終わるころ、隣のクラスのお兄さんお姉さんたちが、ぞろぞろと入ってきて、「ピーマン、おいしかった

自分たちでかけた魔法だね。

36

よ。ありがとう」「今度、僕たちがつくっているナスができたら、ごちそうするね」と言っている。今度は、実感がわいたようで、本気で誇らしげに、ニコニコしている2歳児クラスの子どもたちだった。

2歳以上のクラスは、プランターや花壇のスペースで、夏野菜を中心に栽培をしている。それを、園庭に出た時に毎日のように観察している子どもたち。今度は、どのクラスのどんな野菜が食べられるかな。 　　　　　（矢吹秀徳）

> あこがれる人に認められる誇らしさ。格別ですよね。

保育園は美味しさを"味変"させる

不思議と自分たちで育てた野菜は、よく食べます。それはきっと毎日のようにお世話をしたり、生長を確かめることで愛情を注いできたからでしょう。苦手な味以上に、注いできた愛情が鼻をくすぐるのでしょう。毎日のように向き合うためには、条件があれば、園外の畑を借りるのではなく、園庭の花壇やプランターで育てるほうがいいかもしれません。

調理さんの「おすそわけ」の報告と「ありがとう」の一言が、美味しさを"嬉しさ"に味変してくれました。さらにお兄さんお姉さんたちの「おいしかったよ、ありがとう」の一言と、「ナスができたら、ごちそうするね」の予告が、今度は"嬉しさ"を"誇らしさ"と"期待"に味変してくれました。

「美味しい！」に出会えると、気持ちが和みます。でも美味しさって不思議な感覚。人によっても違うし、同じ食材でも調理方法やタイミング、シチュエーションによっても変わります。お兄さんお姉さんたちの美味しさは、自分たちより小さいクラスの子たちから、おすそわけをしてもらった美味しさだったのでしょう。味や匂い・食感だけにとどまらない美味しさを、たくさん提供できるのが保育園のよさです。

おしゃべりタイム

食べ物の好き嫌い——どう考えてどう対処するか？　ここも大きく意見の分かれるところですね。

シフトで体制が組まれていると、夕方、担任が子どもたちより先に帰ることがしばしばあります。そんなときのある子との別れの瞬間です。5歳児の別れの言葉。

事例 14

「来てね」
じゃなくて……

子どもが求めてきた"相槌"

　前年度の4歳児クラスの頃から、絵本『おばけのおつかい』（作／西平あかね　福音館書店）をきっかけに楽しんでいた「おばけの世界」。5歳児クラスとなった7月の話です。
　はるかちゃんとあやのちゃんは2人でおばけの絵本にでてくる「どどんこ公園」をモチーフにしたジオラマづくりに取り組んでいました。「あと、わたしたちは、どくきのこと、（公園の）もんと、おはかをつくりたくて……」「なにでつくる？　かみねんど？」と行われる2人のやりとり。もう、保育者である私に必要とされている仕事は「うんうん」という相槌くらいのものです。夢中になって取り組む2人を見守っているだけの幸せな時間が流れます。そして、一通りあやのちゃんとの作業を終えたはるかちゃん。彼女はまだ、公園づくりを進めたいようで、私のところに相槌を求めにやって来ました。「あとはさ、なんでもいいんだけど、むしとかも

つくりたいんだよね」とかけられる声に「そうなんだね」と返します。すると「かみ（で作るの）がいいかな？」とはるかちゃん。「やってみる？」と返すと「うん」と再び公園づくりへと戻っていきました。しかし、数分後に描いていた手を急に止め、何か思いついた表情で私のもとへと駆け寄ってきたのです。そして「はるかね、はっぱとかちぎって、まるめて、いもむしとかにするのがいいかもっておもった」と一言。私はお決まりの「そうかぁ、じゃあやってみようか」という相槌で返します。

> 自然に相づちを打ってそっと
> 背中を押す一言がいい。

　すると「じゃあ、あした、はっぱあつめてくるね」とはるかちゃん。「よろしくね」と私が返し、はるかちゃんの活動も一区切りと

「また来てね！」じゃなくて…　「来ようね！」でしょ？

なりました。

　早番だった私はここで荷物をまとめて、帰り支度へと向かいます。そこに駆け寄って来たはるかちゃん。「たかやせんせい、もうかえるの？」と聞かれたので、「うん、今日は早番なんだ」と返します。「じゃあ、あしたもつづきやろうね」とはるかちゃん。「うん、じゃあ葉っぱたくさん集めてきてね」と私。「うん」と答える彼女に何の気なしに「じゃあ、明日も（元気に）来てね！」と声をかけます。すると、少し間をとってから、彼女からうれしい一言がありました。「せんせい。きてね！……じゃなくて……こようね！　でしょ」。言い終えた彼女は、少し首を横にかしげながら、ニコニコと笑顔を浮かべてこちらを見ています。そんなはるかちゃんにハッとしながら「そうだね。来ようね」と声をかけ、私にとってのこの日は締めくくられることになりました。

　はるかちゃんが私との関係性の中で選んでくれた「こようね」という言葉。この言葉に保育者と子どもとの横並びの関係性を感じてとてもうれしくなりました。（上田隆也）

ここに注目！

う〜ん、この一言がしみる。

保育者にこの心持ちがあったからこそ、はるかちゃんからあの言葉が出たんだね。

子どもも保育者も主役になる保育

　「この保育園は、先生だけの保育園ではなく、みんなの保育園なんだよ。私は自分の意思で、保育園に来ているんだから」と、はるかちゃんは言いたかったのでしょうね。はるかちゃんの主体性に完敗！　そして感動！

　はるかちゃんは、明日につながる目当てを見つけ、意気揚々の気分。きっと家に帰る道すがら、そして明朝登園するときも、葉っぱ集めにいそしむことでしょう。「先生、葉っぱいっぱい集めてきたよ。どれにしようかな〜」と、さっそくいもむしづくりを始めるはるかちゃんが見えるようです。

　子どもたちが遊びに集中しているときに、余計な言葉をかけたりすることは禁物です。

　子どもが相づちを求めてきたら、「うんうん」「そうなんだね」「そうかぁ」「なるほど〜」「いいんじゃない」など、そのときの状況に応じて、適切な言葉を選びます。

　しかし、どんな言葉にしても、温かく肯定的に見守っているよというメッセージを言葉に乗せていくことが大切です。

　筆者は、「来ようねという言葉に、保育士と子どもとの横並びの関係性を感じてうれしくなった」と書いています。教える教えられる上下の関係ではなく、保育の中でいつもひとりの人間として対等に接しているからこそ、はるかちゃんはそう思えたのでしょう。

　そんな対等な子どもと保育者が集い生活をつくっている保育園は、子どもも保育者も主役なのだと思います。

今度も5歳児の別れの言葉ですが、その前の遊びの場面での担任のシャレた関わりが背景をつくっているのでしょうね。

事例 ⑮ # なんだかしあわせだね

染みた〜!!

　思うようにいかない時、伝わらない時、怒りや不安を泣きや暴言、物にあたる等で表すしんや君（年長）。
　怒りの感情が起きるのは誰にでもある、怒らないようにさせるのではなく、正しい怒り方を一緒に考えていくこと、と療育機関のアドバイスを受け、振り返りを行ったり、提案や交渉という形で丁寧に関わってきた。
　小集団の中に入るものの、うまくやり取りできず、けっきょくは『じゃま』をし、保育者が仲立ちする。そうした日々の繰り返しの中で彼の成長も感じとれず、自分の力のなさに悩むことも。
　そして、この子の願いは何だろう？　どうしたいのだろう？　と考え、とにかくよく見てみようと思った。
　次の日、夕方（疲れが出るためか、より余裕がなくなる）、おうちごっこをしている女の子たちのほうにずり這いのようにして近寄り、皿を落としたりつい立てを倒したりし始めた。「やめてよー」「また！　しんやくんやめてー！」女の子たちが騒ぎ始めた。いつもなら慌てて仲立ちしに行くが、一呼吸おいて「すみませーん、隣に引っ越

ここに注目！

意表をつく設定！　さ〜どうなる？

親子で遊びに来ました〜♪

40

してきた鈴木といいますけど、親子で遊びに来ましたー」。
すると女の子たちもしんや君も一瞬『えっ？』という表情
をしたものの、すぐに「どうぞー」「玄関からお入りくだ
さい」「何を食べますかー？」と女の子から受け入れの返
事が返ってきた。

　しんや君はまだどうしていいかわからない感じだった
が、女の子たちがどんどんリードし、そのうちにしんや君
も言われるままに入っていった。

　年長ともなるとごっこ遊びも複雑で、何度かついていけ
なくなりそうな場面もあったが、なるべく『助けた』感が
出ないような助け舟をだし、おうちごっこが進んでいっ
た。しばらくしてお迎えが来て、さよならした後、私の所
に駆け寄ってきて、耳元で「せんせー、なんだかしあわせ
だね」と言って帰っていった。

　一日が終わり園の門をくぐる時『あー、楽しかった』
と、この子が今まで何回思えたのだろうか。考えさせられ
た瞬間であった。　　　　　　　　　　　　（山下あけみ）

> ちょっとした力加減で面白さ
> が左右されるからね。

「人っていいな」の経験を積み重ねる

　「とにかくよく見てみよう」と保育者が決意したことで、一歩引いて冷静になれたのだと思
います。

　しんや君は、どうしたかったのでしょう？　この保育者は、おうちごっこに入りたいのだと
感じました。そこで一呼吸おいて、仲介役の保育者ではなく、隣に引っ越してきた鈴木親子と
しておうちごっこに入ろうとしたのです。このヒラメキを生んだもう一つの要因は、おうち
ごっこをしている女の子たちが、この設定にノッてくれるという見立てがあったからだと思い
ます。

　こうしておうちごっこを楽しんだしんや君は、“遊びって楽しい”“仲間って温かい”“つな
がるって幸せ”という言葉に通じるような、いろいろな思いを抱きながら、心地良いひととき
を過ごしたことでしょう。さよならしたのにわざわざ保育者のもとに駆け寄ってきて、耳元で
そっと「せんせー、なんだかしあわせだね」と言った言葉の中に、2人の共有した幸せをひそ
かに確かめたかったしんや君の思いが込められているようで、ゾクゾクっとします。

　これをきっかけに、しんや君の“疎外感”が払拭されるといいのですが、なかなかそんなに
甘くいくものでもありません。このような楽しかった経験を何度も積み重ねていくうちに、い
つの間にか……というのが現実ですよね。

おしゃべりタイム

　あなたのクラスに、誰ともつながっていない子はいませんか？　その子はどうしたいのでしょうか？

これもまた5歳児の夕方の別れの言葉がテーマの事例ですが、その言葉がその夜、担任を眠れないほど悩ませます。

あしたもおもいっっっきり、あまえてやるからな!

受け止められる安心感

ある日の保育を終えた自宅への帰り際です。「うえだせんせーい」と呼ばれたので振り返ると、あけみちゃん（5歳）が、じっと私のことを見ていました。「明日ね〜」と笑顔で手を振り帰ろうとしたのですが、そこで遠くからあけみちゃんが怒り口調で衝撃の一言、「あしたもおもいっっっきり、あまえてやるからな〜‼」。暗くて彼女の表情は見えなかったのですが、怒り口調で（おそらく怒ってはいないようでしたが）甘える宣言をされました。こんな甘えられ方は、保育をしてきて初めてだったということもあってか、彼女のこの一言は、その夜布団に入ってからもずっと私の頭の中を回っていました。

彼女はどのような気持ちであのセリフをいったのだろう？明日どのように関わろう？　そのようなことを考え出すと、寝るに寝れません。そこで、私は彼女の今日一日を書き出してみることにしました（その日に彼女が抱っこされていることを「かっこわるい」と言われ怒ったことや彼女が「きーー」と怒ったことをきっかけに「きーー」で遊

この子なりの精一杯の甘えだったのでしょうね。

言葉の背景にあるものは？そこを探って対応しようとしている。

んだこと、私のよけいな一言が彼女を怒らしてしまったことなど……）。そして、改めて、今日のあけみちゃんは怒りの質は違えど一日中怒っていたことを再確認。

　そこで、明日の朝は「今日は、おもいっっっきりあまえさせてやる」をこっちが先手で打ってみよう。そう決心して、眠りについたのでした。

　次の日の朝です。朝一番に抱きしめようと決めて待っていたものの、なかなか登園しないあけみちゃん。彼女は朝の会の準備が始まったころに、のんびりとやってきました。しかし、私は両脇に配慮が必要な子2人が座っており、なかなか動きが取れない状態でした。

　ところが、のっそり近寄ってきた彼女は、そのような状況もおかまいなしに、昨日の宣言通り私に近づいてきて開口一番「だっこして」と要求してきました。先出ししようと思ってたのに、先に出されてしまいました。

　しかし、今日の私は決心を胸に出勤してきたので、そこでへこたれるわけにはいきません。いつもなら「もう朝の会始まるから、先に準備して座って。抱っこはするけど、終わってからね」と声をかけていそうでしたが（そして「いやだー」と彼女の気持ちが崩れるであろうことも予想されます）、今日は抱きかかえて「今日はたっくさん、抱っこするって決めてるから！」と伝えてみました。

　すると、私のこの反応が彼女の予想と違ったからか、照れた表情を浮かべたあけみちゃんは少し間をおいてから、「きょうね、にゅうがくしきだからドキドキしてるの」と小さな声で気持ちを教えてくれました（この日彼女は、午後から小学校で就学時健診を受ける日でした）。私はすっかりこのことを忘れていて、ハッとしましたが平然を装い「ドキドキしてるのも知ってるよ。小学校では頑張っておいでね」とささやいてみると、にかっと笑顔を浮かべる彼女。抱っこからおろして「朝の準備しといで」と伝えると、「うん」とすぐさま準備に向かったのでした。

　そして、その後散歩に行く際には「（先生と）手をつなげなくても我慢できるよ」と宣言し、散歩に向かう列に並びに行きました。もちろん、一日を通してさわやかに過ごしきったというわけではないのですが、良き朝のスタートとなりました。

　小学校で健診を終えた、あけみちゃんは「きんちょうした〜」と言いながら、夕方に園に忘れ物を取りに来まし

> 大人の覚悟を感じ取ったからこその一言ですよね。

> そうそう！　眠れないくらい考えたのですから。

> 心が満たされたからこそ出てきた一言。

た。そして、それをとって帰ろうとした彼女に「今日はあのセリフいわないの?」と聞いてみました。すると、あけみちゃんはにかっと笑って「いうよ」と言って「おもいっきりあまえてやるからな」とうれしそうに言って帰っていきました。

> 同じ言葉でも、今度は安心して受けとめられるね。

　その一言は、昨日と違い、可愛らしく、愛おしく感じることができました。　　　　　　　　　　　　　（上田隆也）

一度始めた援助は、子どもの表情がゆるむまで

　"私の思いなんてわかってない。今日の関わり方では納得しないよ。明日はもっとわかり合おう。"という思いを込めて、大好きな担任に吐き出したのが、この言葉だったのでしょう。何しろ、「おもいっっっきり」と息をギューと詰めて言っているのですから。あけみちゃんの明日につなげる魂の宣言だったのでしょうね。"明日の不安も受け止めてよ。そして、明日はいい一日にするんだから"と、信頼を寄せる担任に期待を込めていたのでしょう。保育者は子どもの意表を突いた衝撃の一言を聞いて、一晩中考え込んで眠れないこともあるのです。

　今日の保育の一日を振り返って、「あの子が何をしていたか思い出せない、ぜんぜん関わっていなかった」と反省することもあるのです。

　その子が、楽しそうに降園すればいいのですが、寂しそうに帰っていく姿を見ると、保育者としてすごく敗北感を感じます。明日は、その子をしっかり見守って、関わっていこうと自分を奮い立たせます。今日の"至らなさ"を、明日の保育に生かそうと強く思うのです。

おしゃべりタイム

思いもかけない子どもの言葉にドキッとしたことはありませんか?
その真意は、何なのでしょうね。

写真家がとらえた保育の中の子どもたち

どの子にとっても心地よい毎日を

第1部の事例では、子どもたちと大人たちが響き合って、心地よい一日を過ごしています。子どもとともに生活をつくり、子どもが主体的に生きるためには、心地よい毎日をくり返すことが大切だと考えます。

"心地よい"とは

『一日の始まり…』（事例①　以下番号のみ）では、新鮮な気持ちやトビッキリの笑顔で親子を受け入れると、"楽しい日になりそう"と一日のスタートを切ることができました。笑顔や寄り添おうとする思いは、子どもの心に通じ、心地よい人と受けとめられて安心感を生じさせてくれます。

『あらら～…』（②）では、ひらめきを発揮すると、子どもたちの笑い合いに助けられました。日々の保育の積み重ねの中で、子どもと保育者の共通体験の記憶が共感を呼び、心地よい空間が生まれます。

『さみしくなったら…』（③）では、"安心して感情を出していいんだよ"とメッセージを送ると、子ども同士の受け止め合いに支えられました。子どものネガティブな感情も、安心してありのままの自分を表現し、お互いに助け合いつながり合いながら、心地よい時間を過ごしています。

『みんなで話せて…』（④）では、対話する場を設定すると、思いを伝え合えた喜びを聞くことができました。身近な人への信頼を培い、心地よい関係を味わっています。

『これウンコ』（⑨）では、一緒になってふざけ合うと、親密感が増していきました。生活の場面では、生活習慣を身につけるために「きちんと・ちゃんと」と考え、くり返し同じ行為をすることを重視しがちですが、ゆるさを持って関わることも必要です。

"心地よい"とは、子どもも保育者も感じるもので、心がほんわか温まって幸せを感じ、ゆったりと前向きになれる肯定的な感情なのではないでしょうか。

心地よさを生み出すものは、子どもと保育者双方のタイミングの良いやりとりと絶妙な距離感だと考えます。

心地よさの中身は、まだまだ奥深く簡単には言い切れるものではありません。今後も実践の中で追求していくものと考えます。

"心地よさ"を支えるものは

どの子にとっても一日を心地よく過ごすためには、保育者一人だけで支えることはできません。

『大人気！…』（⑧）では、調理するだけでなく、子どもたちが食べる姿を見たり関わったりすることで、次の調理を美味しくアップさせる調理師の活躍がありました。

『ピーマン…』（⑬）では、栄養士の協力でピーマンが味変して美味しくなったり、栽培した食材をごちそうできる誇らしさを味合わせたりすることができました。

『やったー！…』（⑪）では、睡眠がどの子にとっても安楽な瞬間になったことを、感動しながら見守る園長や看護師がいました。

『くつろぎすぎ？』（⑫）では、垣間見た午睡中の部屋を「いいな～、この風景」と認め

てくれる副園長がいました。

『もうやだ～…』（⑥）では、甘えと自立の揺らぎの中で葛藤する子どもに、"急がば回れ"と甘えが許される保育士集団がいました。

そして、『ぼくの…』（⑤）では、つぶやいた子どもの本音を"今がチャンス"と汲み取って、タイミングよく協力してくれる保護者がいました。

また、子どものために、園全体が居心地のよい空間となるように、環境を整え清潔な雰囲気づくりをしてくれる用務員もいます。一緒に保育を担い、支えてくれる非常勤職員もいます。

保護者・調理師・栄養士・看護師・用務員・保育士・非常勤職員など、子どものまわりの大人同士がそれぞれにつながって、子どもを支えているのです。そのなかで、安心感を持った子どもたちは意欲的に生活をつくっていくのだと思います。

子どもを含めた人的環境と、いつもそこにある園舎や園庭などのたたずまい、身近な自然や地域の雰囲気も合わさって、"心地よさ"を支えていると考えています。

"心地よい毎日" その先に

『必殺！…』（⑦）では、子どもが精いっぱい表現する目線に誠実に向き合うと、まわりの子どもが手助けしてくれました。

保育者の心地よい関わりを毎日見たり、してもらったりすると、同じようにしたいと子どもは考えます。それは、自分の生活を自分でしたいという意欲につながり、自立に向かうことでしょう。

『どうして、…』（⑩）では、不幸を嘆いた

子どもに真剣に向き合うと、わかり合えた実感を味わうことができました。

トラブルを超えて、自分の気持ちをわかってくれたうれしさと、そういう保育者がいるという喜びが心地よさを生み、他者への信頼が育まれ、認め合ったり許し合ったりすることができるでしょう。

『来てねじゃなくて…』（⑭）では、「来てねじゃなくて、来ようね！でしょ」と言われ、園は子どもも大人も対等な関係で集う場所ということを、子どもに気づかされ納得しうれしくなりました。子どもも保育者も主体的な人間であり、ともに園生活をつくっている主人公であると再確認し、これからも歩んでいけるでしょう。

『なんだかしあわせだね』（⑮）では、この珠玉の言葉を耳元で聞いて、保育の醍醐味を感じることができました。心地よくつながった人と、心地よい時間をくり返すことで、子どもは生きる喜びを感じ、人への信頼を育んでいけると思います。これが、生きていく糧になることでしょう。

『明日も思いっきり…』（⑯）では、常に受け止めているつもりなのに、もっと期待されて本気で悩み、"今日より明日はもっといい日にするぞ"という子どもの明日につながる希望を共有することができました。

明日に向かって生きる子どもが、将来にわたって自分の人生の主人公になるためには、友だちや保育者とともにつくる"心地よい今日"が出発点なのではないでしょうか。

（矢吹秀徳）

正しさよりも楽しさを

どの子にも特別扱いを

　日々の保育を行っていく中で、一人だけを特別扱いしているのではなく、どの子にも特別扱いをする瞬間があります。一日を通して見ていくと、好き嫌いのある子には食事の時間にしっかりと関わる。思うように友だちと関われない子には、一緒に遊びながら関わり方を知らせていく。その子にとって保育者の手が必要だと思った瞬間に、必要と思われる手立てを行います。その場面だけを切り取ると、その子ばかりが特別扱いされているように見られがちですが、そんな場面が保育にはちりばめられています。

　特別扱いと言うと、なんとなくネガティブなイメージがあるかと思います。特別扱いとは、子どもの思いを読み解き、安心できるよう関わっていくことを意味しています。一人ひとりの思いとしっかりと向き合うことで、他の子と対応が少し違ってしまうこともある。それは、子どもが成長していくための支えであると考えます。

　以下初めての保育園生活を送るナナちゃん（1歳児）の実践を例に考えていきます。

　入園当初、ナナちゃんは保育園に着くなり大泣きでした。保育園では、お母さんと離れることがわかっているのです。「お母さん、いってらっしゃーい」と明るく母を送り出し、泣いているナナちゃんを抱え、一緒に保育室を見渡しました。するとナナちゃんの目線は帽子に向き、「ぼーし」と言って指さし

たのです。ナナちゃんの思いをくみ取り、帽子を渡すとナナちゃんは帽子を頭に乗せました。きちんと帽子をかぶせてあげると、ニコっとして今度は外を指さしました。「お外行きたいね。お茶飲んでから行こうね」と声をかけると、自分でコップを持ってお茶を飲むことができました。それから外に出ると、砂場へ一直線。シャベルで砂をすくってはバケツに入れる遊びをじっくりと楽しみました。

　次の日からは、受け入れ後「ぼーし」と言って帽子をかぶりたがるようになりました。帽子をかぶっていると、室内でも泣かずに遊べます。ナナちゃんが帽子をかぶって遊んでいる様子を見て、他の子も室内でも帽子をかぶりたがるようになりました。私は嬉しくなって、他の子にも帽子をかぶせ、積木遊びやぽっとん落としなど一緒に楽しみました。

　それから数日して、ナナちゃんは受け入れ後帽子をかぶらなくても、すぐに遊べるようになりました。

子どもの願いを読み解く

　この実践にある帽子の役割は、ナナちゃんにとって初めて家族から離れる不安な気持ちを支える存在であることがわかります。そのことに保育者が気づき、寄り添いながら対応することでナナちゃんの心が動き出します。帽子という心の拠り所があったからこそ、保育園は楽しい場所と認識していったのです。ナナちゃんの中で不安が安心に変わったと

き、不安な気持ちを支えるという帽子の役割は終わりました。それからは、帽子がなくても自分の中で、気持ちが立て直せるようになっていたのです。

　保育者にとって困ったように感じる行動には、その子の困りごとが隠されていることが多いものです。その行動自体を注意したりやめさせたりするのではなく、どうしてそんなことをするのか子どもの背景を探っていくことが求められます。そこから本当の願いを読み解き、まずは安心して過ごせるように手立てを考えていきます。子どもの思いを理解したいという保育者の願いは、子どもへと伝わっていき、いつの日か子どもとわかり合えたと感じる瞬間があります。そんな瞬間こそが、保育者としてのやりがいとなります。

遊び心でつながる

　泣くという行為に対して、正面から思いに向き合うのではなく、前述の実践では帽子をかぶせるという保育者の遊び心で楽しさを生み出しています。室内でも帽子をかぶってしまう楽しさが、いつしかナナちゃんの不安を上回っていったのです。

　また、他の子も一緒に帽子をかぶることで楽しさを共有しています。帽子をかぶるという行為そのものが楽しくて、なんとなく嬉しい気持ちをそれぞれが感じています。

　楽しい遊びを経験することは、保育においてとてもたいせつなことです。安心できる環境のもとに楽しさがあり、楽しさこそが日々の生活を豊かなものとしていきます。楽しく過ごすためには子どもに寄り添うだけでなく、時にはみんなでの話し合いも必要になります。そして、自分たちに合う生活を作り上

げていくのです。どの子にとっても、楽しいという充実感ある毎日を仲間たちや保育者と共に過ごしていきたいものです。

保育の正しさよりも楽しさを

　前述の実践を別の角度から見ると、室内でも帽子をかぶって遊ぶ様子は、「帽子が引っかかったら危ない」「帽子は外でかぶるもの」という意見もあります。その意見も正しいのです。しかし、今のナナちゃんにとっては、帽子という心の拠り所があることで泣かずに遊べているのです。目の前の子どもの姿から、保育を組み立ててもいいのではないでしょうか。

　保育者集団は、様々な保育観を持つ人たちで成り立っています。それぞれの意見や考え方の中で、保育は営まれているのです。『何が正しくて、何が間違っている』ということは、その園ならではのルールかもしれませんし、その人個人の持つものかもしれません。正しさを追求するよりも、その人の持つ良さを最大限に生かしながら、日々を楽しく過ごすことの方が大切ではないでしょうか。違いを持ちながらも「〇〇ちゃん、こんな姿があってね」と、子どものキラリとした姿を共有することで、自分と異なる視点に気づくことになります。

　それでもしんどい時はあります。そんな時は子どもたちと楽しい時間を、存分に過ごしたいと思います。

　楽しさが日々を豊かにするのは、子どもだけではなく保育者にも当てはまります。自分自身が楽しみながら、話し合える時を待つことも一つの手段だと思います。

（小林加奈）

子どもの声を聴きとるとは

製作や描画の時には決まって「やりたくない」という男の子（年中児）がいました。「なぜ？」に「苦手だからやらない」ときっぱり。たとえ一人だけ壁に飾られていなくても、お母さんに見せてあげないの？　と言われても、「それでもいい」と、やらないことを貫いていました。決して消極的な子ではなく、手先の不器用さはあるけれど、話し合いの時には率先して意見を出してくれるし、園庭での集団遊びが苦手な子のことを誘って一緒に楽しませてあげられたりもする子でした。

やりたくないという背景にあるもの

ある日、飾ってある友だちの製作を指さし「あれ、どうやるの？　むずかしいかなあ……」と尋ねてきたので、どういうふうに行ったかを説明しました。「じゃあここはやってみるから、こっちは手伝ってくれる？」と言うので、「いいよ。やってみよう」と一緒に行いました。途中で周りの子も教えてくれたりして完成すると「ありがとう」とその子たちに言っていました。そして夕方、お迎えに来たお母さんにも誇らしげに見せていました。

一見みんなと同じペースでやれない子、苦手でも頑張ってみようとしない子のようですが、出来ないことを出来ないとためらいなく言える、そして、自分で自信のないところを見極めて手伝ってと言えるってすごいなと思いました。困ったときに「助けて」と言える子は、他の子に「大丈夫？」と手を差し伸べてあげられる子なのです。その子が、苦手で躊躇している別の子を遊びに誘ってあげていた時の情景が浮かびます。

出来る、出来ないで子どもを評価してしまうとみんなと一緒にしないことが心配になり、させる方法を考えることに目が行き、見えるものも見えなくなってしまいます。させるために何とか説得し、明日はやるって約束したのに当日になったらまた「やりたくない」。約束したよね、信じていたのにと、互いが苦しくなってしまいます。

「やりたくない」は何かの表現かもしれません。ありのままの自分を出していいんだよというまなざしで、共に過ごしながら楽しい遊びを重ね、楽しい中で興味のツボを探したりしながら、自分からやってみようと思える時まで見守る余裕を持ちたいものです。

安心が支えるもの

同じく年中のクラスで、自分の予測と違うことが起こると些細なことでも大声や物を投げるなど、頻繁に泣いて暴れる子がいました。しかし、定期的に観察指導を受けていた発達支援センターの職員の前では毎回何も起こらないのです。「なぜ？」の問いに、その職員の答えは「OKサインを送っているから」でした。私はハッとしました。つまり、何か起きてしまうのではないか、いつもこうだから今日もと、私の緊張を敏感に感じ取って余裕をなくし、くじけやすくなっていたのだと思いました。何も起きなかったのは肯定的なまなざしで見守ってくれる大人がいたことで、安心がその特徴を助けてくれていたの

です。問題があると思っていたけれども、問題はそういう目で見ていた私にあったのではと考えさせられた出来事です。

　自分の目の前にいるその子を信頼し、わかりたいという願いを持って理解しようとする努力こそが、必要な手立てにつながることを学びました。不適切と思えるような行動も含め、様々な形で発信している願いの表現を感じ取り、その子たちへのまなざしを変えることによって、しんや君（事例１－⑮）のように「しあわせ」を感じられる心地よさを経験し、一人ひとりの安心が友だちへと橋渡しされていき、クラス全体が温かく柔らかくなっていくのではないでしょうか。

本当の気持ち？

　また、こんなこともありました。

　ある事例について当研究会で話し合っていた時のことです。子ども同士のケンカ（年少児）の仲裁に入った保育者が「○○と思ったんだよね」と代弁した場面でした。その子が余計に怒り出してしまって、良かれと思った対応でしたが、どうやら「（オレのこと）分かったみたいに言うな」という怒りだったようです。これに対して、「相手が２歳児だったらこういう対応でもよかったのかもしれないけれど」といった意見が出、その後、年齢と言うより「（言い方として）訊いているのか断定しているのかで違ってくるよね」という話に進んでいきました。

　私たち保育者は「子どもの気持ちを受け止める・汲み取る」という言葉をよく使います。目の前の子どもの気持ちを、前後の状況やその子の成育歴、保育者の経験則から推測し、子どもの気持ちを代弁したり、すべきこ

とを促したりすることがありますが、大人のかけた言葉が絶対に子どもの本当の気持ちと言えるのでしょうか？

わかろうとする心持ちを大切に

　子どもの気持ちをわかったつもりで断定し応答していくと、押し付けになってしまったり、空回りしてしまったりすることがあります。私たち大人はそうに違いないという見方をせず、目の前の子どもが大人以上に考えを巡らせ悩み戸惑っていることを想い、子どもの心の奥の深いところの複雑な思いをわかろうとする心持ちこそが大切なのだと思います。

　そういう心持ちの中で大切にされて育った子は、自分も相手も大切にできる人になっていきます。そして、その人の立場だったら自分はどうだろうと、他人の立場を想像し感情を分かち合う能力というのは、まずは理解されることの経験の上に成り立つのではないでしょうか。

　大好きな大人と自分をわかってくれる仲間との生活の中で、人と過ごすことが心地よい体験を通して、大人になった時、人を信頼し、相手を思いやり、手を差し伸べてもらったらありがとうと共に歩んでいける人になってほしい。自分が社会の中の大切な一人であることを感じながら、苦手なことがあることも含めて自分を好きになれる人になってほしい。今でなくていいよ、いつかきっとねと、そんな願いを込めて子どもたちと一緒に過ごしています。

（山下あけみ）

コロナ禍を子どもとともにのり越える

未知のことだからこそしっかり伝え合う

　2020年4月新型コロナウイルス感染症の流行により、非日常的な新年度が始まりました。飛沫感染する感染症は多くあるものの、抗体や薬がないなど治療の術がないことから感染拡大防止のための手洗い、手指消毒の徹底、活動の自粛、三密（密集、密接、密閉）を避ける生活が一般的となり、社会のそんな状況は保育の世界へも少しずつ影響を及ぼしていきました。

　保護者から、手を洗うように何度も促され続けるうちにどのくらい洗えばいいのか分からなくなり、何度も何度も保育者に「手はきれいになった？」と確認し、「大丈夫だよ」という言葉をもらえないと不安な様子の子どもの姿がありました。何度も洗う手の皮膚は、ひどく荒れていき、そうなっても「これでいい？」と確認し、洗い続ける子どもの姿に胸が痛くなる日々でした。

　新年度が始まり、自粛期間が明けたある日、4歳児数人でドロケイをしていたときのことです。捕まった多くの子が友だち同士くっついて、逃げるための作戦を話し、まだ捕まっていない仲間の応援をする姿がありました。みんなでおしくらまんじゅうのようにくっついていたとき「お友だちとくっついちゃいけないんだ！」という一人の声を皮切りに「あっ！　そうだ！　そうだ！　バイキンつく！」と離れていく子どもたち。

　密にならないようにということは、家庭と保育所の両方で、日頃から話題になっていたこともありましたが、「友だち（人）とのふれあいがいけないこと」「みんなとくっつくとバイキンだらけになる」等と感じ始めている子どもたちの姿がそこにはありました。

　人と接することがいけないことと勘違いしてほしくないと思い、新型コロナウイルスの感染を防ぐ方法を子どもたちと話し合いました。おやつや食事など何かを口にするときに近くで話し、つばを飛ばすことで、様々なところについたつばから、バイキンが広がっていくことや、そうして飛んでいったバイキンを触り、手を洗わないままにしておくことでさらにバイキンは増えていくこと。「ご飯、おやつの時には気をつける」「手はしっかり洗う」とまとまり、食事やおやつの時の向く方向やたくさんのおしゃべりは控える。また、外から帰ったとき、何かを食べる前は、手洗いの歌をしっかり歌い、手の全部を洗おうということになりました。

　「密を避ける」「ソーシャルディスタンス」など社会の中で話題になる言葉が日々増えていきます。子どもたちは、生活する中で、信頼する大人が使っている言葉に敏感に反応し、少しずつ自分の中に蓄え、影響を受けていきます。だからこそ、言葉の持つ意味や対処法を一緒に細かく確認し、子どもたちが正しく理解し安心して生活できるように配慮していく必要があると思います。ニュアンスや雰囲気で濁したあいまいな伝え方をすると、子どもの中に湧き出た疑問は、不安となり、その不安を払拭するために大人に確認をしたり、疑わしいものをすべて排除してしまうことにつながっていくと思います。

子どもに及ぼす最大の弊害は

　誰かと関わることが、様々な成長へのきっかけになる乳幼児期の子どもたちは、一人の世界から、自分の気持ちを表現する力を身につけ、少しずつ、自分以外の誰かがいることを感じとっていきます。周りにいる友だち（ときに大人）と関わることは、様々なことを体験、実感、（後に）理解につながり、自分の中に経験値として蓄えられていきます。

　友だちと面白いことを出し合い、時に共感、けんかを通して、発見やイメージを共有しながら、わくわくドキドキ夢中になって、共に遊びを作り上げていく中で、気がつくと子ども自身の身になっていることがたくさんあることを、日々子どもたちの姿を見ていると実感しています。

　子どもたちは、これらの経験をただ夢中になって楽しみ、その瞬間を生きています。それが結果的に学びになっていることが多いわけですが、大人が「遊びを通しての学び」とか、「〜〜をしたから○○の力が伸びた」などと後付けをするべきではないと思います。

　「人と豊かに関わる」経験そのものが、子どもたちの様々な可能性を開き、乳幼児期から学童期、その先へとステージが変わっても子どもを助ける重要な力となるでしょう。それが、子どもたちの楽しい経験や成長の中心にある要素の一つだと思います。

　だからこそ、日々の生活の中で、自然と人を避けることが当たり前になり、子どもから「人とふれあうことへ脅威を感じる」という言葉が出たことが、新型コロナウイルスが子どもたちにもたらした最大の弊害だと感じました。

子どもとの対話を大切にしていく

　今回のコロナ禍の中で、大人は適切な情報を踏まえ、場面に合わせて、子どもに伝えたり、年齢によっては子どもたちと一緒に考えて生活をしていく必要があります。これまでも身近にあったインフルエンザ、胃腸炎などの感染症と同様に、感染拡大防止の視点から、必要に応じて保育を変えていく。その都度、その理由を子どもたちと話し合い、戸惑いが見られたら、抱きしめる等のスキンシップをとったり話を聞く中で、わからないことや不安になってること等を丁寧にたくさん受け止めていくことが大切だと思います。

　子どもと大人が互いに発信と傾聴を繰り返し、対話をしていくことがいかに大切かを今回のコロナ禍は私たちに教えてくれた気がします。

　新型コロナウイルスがもたらしたこの状況の中で、不必要に密を避けることやソーシャルディスタンスをとることを掲げて不安や誤解をあおるのではなく、子どもたちの不安や感じていることを受け止めたうえで、どんなときに何のためにどんなことが必要かを、子どもたちが理解できるように伝えることです。そして、遊び方や生活の仕方、前例踏襲だった行事や係活動の行い方など、難しさに直面した活動の一つひとつを子どもたちと話し合う中で、例年よりも楽しい形で膨らんでいったり、新たな実施の仕方など、次につながる形を職員全体で子どもたちと一緒に模索していくチャンスとして楽しみたいですね。

（松丸隆哉）

第 2 部

遊びの中で
育つ姿

大人もおもしろがりながら
子どもと一緒に遊ぶ

ええ〜、うそ〜、できちゃうの？

大きくなっていくばかり
事例❶

遊びを伝承する子どもたち

　ものすご〜く緊張しながらも、持てる力を全てだしきって、みんなで楽しみ、みんなを楽しませてくれた『大きくなったね会』。楽しいことをたった一日では終わらせない子どもたち。さっそく他クラスの衣装や小道具を借りて遊びだします。人魚やお姫様になって楽しんだり、人形劇やペープサートをやらせてもらったり……。なかでもぺんぎん組（3歳）さんに人気なのは、縄跳びとフラフープ。毎日のように楽しんでいるうちに……ええ〜!?　できるようになっちゃったの〜？　びっくり！

　乳児クラスに頼まれて、巡業を始めたいるか組（4歳）さん。一番人気は、♪よさこい♪。両脚を肩幅に開き、うつむいたままピシッと立って、膝でリズムをとる踊りだしまでのポーズが完璧なか組（2歳）さん。鳴子を手に、跳ねるように踊るめだか組（0歳）さん。鳴子が足りなければペットボトルで代用。2個もっている大人がいれば1個とりあげ、持っていない大人に……。みんなで楽しみたい気持ちが伝わってきます。さらにめだか組さんが楽しんだのは、なんとテーブルクロス引きのマジック！！　段

そうそう！　だからこの後がまた楽しみなのです。

誇らしげな表情が目に浮かびます。

56

ボールの箱をひっくり返し、オーガンジーの布をかぶせ、その上に食材の入った鍋を置き、♪チャラララララ～ンと担任に口伴奏でBGMを流すよう催促し、さっと布を引いては……見事に成功！！　腰がぬけそう……できちゃうんだ……。

　　思いっきり楽しんでいることは、誰もが真似したくなるんですね。その楽しさをも真似したくて、同じように味わいたくて、再現したくて、何度もくり返しているうちに、できるようになっちゃうんですねえ～。　　　（田中康次郎）

> 好きこそ物の上手なれ！「学び」の語源は「真似る」

日常を行事へ、行事から日常へ

　日々の保育のなかでも、子どもたちは自然な形で園の遊びを伝承しています。その一つの結実点である発表会を、それぞれのクラスが見せ合うことも、大いなる遊びの伝承だと思います。"すご～い！"と憧れを抱き刺激を受けた子どもたちは、お兄さんお姉さんたちの姿を真似せずにはいられません。上手に真似できると自分も大きくなったように感じられますからね。やって見せる子どもたちも、真似しようとする子どもたちも、遊びが伝わり合うことで心も響き合うことでしょう。そんな喜びを感じられるように、保育者は真似しやすい道具や環境を用意することが大事です。

　日常の遊びを行事につなげ、子どもたちや保護者などの観客に見てもらえるように保育者が手助けして整え発表し、行事の後は新たな活動のきっかけとなるように、盛り上がった気持ちと目新しい遊びを日常に戻していく。これが、この行事の基本的な流れだと思います。

　この時期の子どもたちは、まさに"大きくなったね"と実感できる力量を持っています。"すご～い！"ことを真似し続けることで、自分の遊びをふくらませ、気持ちを弾ませていくのでしょう。こうして、この園独自の遊びは伝播されていくのだと思います。

おしゃべりタイム

　自分の園で伝承されている遊びの中で、独自のスタイル（やり方・名称・癖など）を出し合ってみましょう。ちょっと、おもしろいかもしれませんよ。

事例❷ # こうじ君は枝が好き

転ばぬ先の杖？

　1歳10ヵ月のこうじ君は手をつないで散歩に出ます。

　小石や枝、葉っぱなどをまず拾って歩きます。枝は必需品！　片手に私、片手に枝。園に着いて部屋に入るときは、持っては行けないことを伝えると、"やだ"と嫌がったものの、どこに置こうか考えていたので私も一緒に考え、まわりを見回し、こうじ君は別の保育者が脱いだ靴の中に入れました。「ありがとう」と私が言って2人で部屋に入りました。

　こういったやりとりが2〜3回続くと私に言われなくても部屋に入る前に自分で外に置いてから入ってくれるようになりました。公園でもしばらく枝を持っているので心配しましたが、どう扱うか見ていると穴を見つけて入れてみたり、すき間を探して中に入れたり、水たまりに入れてみる等いろいろ試していました。彼なりに遊ぶ姿を見て、あまりに長いのを持っているときは「ちょっと短くするからね」と折っても怒ることもなく、自分から折っている姿もありびっくりしました。さすがに他の子が側に来たときは、「今はあずかっておこうかな〜」ともらいました。時には長〜い葉で釣り竿のようにしてサカナつり（父の趣

すぐに禁止するのではなく、子どもの姿を把握し対応を考えているところがいいね。

無理に取りあげられなかったからこその子どもの姿だね。

置いていこうか

味）のような様子もありました。

　ある日、園長が散歩についてきてこうじ君に枝を渡すように言っていました。こうじ君はすんなり渡していました。「別の物（シャベルとか）を渡して、危ないから今後枝などを持たせないように」と言われました。こうじ君の姿（探索活動）を伝え、取り上げたくないことを伝えましたが、「持たせないで」の返事でした。

　私は納得がいかなかったので、持っている枝は10センチ位にして引き続き持っているのを止めませんでした。0歳児クラスのこうじ君が「長いな〜」というと自ら折っている姿に感心しました。危ないことは日常にたくさんありますが、どこまで子どもの興味・関心、やりたいことを守っていけるのか……私の中の課題です。　　　（古川史子）

> 10センチかあ……

子どもから奪ってはいけない“経験”がある

　現在の保育界は危機管理が行き過ぎて、大人自身の“保身”のために子どもの成長にとって奪ってはいけない大切な経験までも奪い取っているように感じます。その“守りに入った保育”は、少なからず保護者の意識を先取りし過ぎたものですが、その保護者の意識を形成したのは、誰でしょう？　いつからでしょう？　なぜ変わってしまったのでしょうか？

　それは、保護者を“保育をともに担う存在”から、“保育サービスを購入する消費者”にしたことが原因だと思います。保育園としてできることは、“子どもは、病気をして免疫をつけていくように、小さなケガをして危険回避能力を高めたくましくなっていく”“朝登園したままの姿で降園できるとは限らない”ということを保護者に理解してもらえるようにメッセージを出していくことだと考えます。もちろん、大ケガを防ぐための安全管理は保育の最優先課題です。

　そのうえで、小さなケガをしたときこそ、子どもの行動の意味をしっかり説明し、保護者に理解してもらういい機会となると思います。

　ここでのこうじ君は、枝の先まで自分の身体が延長することへのワクワク感やいろいろなものへの見立てをしています。そうして子どもは、様々な発見や遊びを楽しんでいるのです。そうしたことを伝えながら、子ども時代にその経験を保障することが大切だと訴えたいです。

おしゃべりタイム

危険だからと早々に止めてしまう子どもの行為はありませんか？
子どもを信じて、もう少しでも見守っていることができないか話し合ってみましょう。

事例❸ 遊びを楽しもう!

混雑を楽しく解消したい

　室内を走り回る子もいれば、「やった〜!　歩いた〜。今日は3歩!」と感動の声が聞こえる1歳児クラス。個性豊かな16名を、担任4人体制で保育を行っています。ほとんどの子が初めての集団生活のため、4月は部屋中に泣き声が響き渡り、おんぶや抱っこで筋肉痛に悩まされる毎日でした。それとともに、帰ってからの背中に感じる子どもの温もりに愛おしさを感じ、心地よい疲労感に包まれた新年度を過ごしました。

　そして9月になり、動きが活発になってきて、室内を動くスピードが格段に速くなりました。ちょっとした段差に登っては、大人をハラハラさせるやんちゃな面も垣間見えるようにもなりました。心の成長もいちじるしく、自我が芽生え、ニコニコと大人の援助を受け入れていた姿から一変し、「んー!!」と自分でやりたいことを伝えたり、頬をふくらませてプイっとしたりしています。これも大きな成長と感じ、可愛くて仕方ないと思ってしまうのです。

困った行動に見えがちですが、ひとつひとつを成長と喜べると、保育が楽しいですよね。

　雨の降る日。部屋を有効活用して、4部屋に別れて遊ぶことにしました。その中の運動遊びコーナーを担当することになりました。定員をだいたい4名として、メンバーを交代して遊びます。

　巧技台の両側に斜面台をつけて、上り下りを楽しめるようにしました。この遊びが思いのほかヒットして、他に設置した巧技台の階段や鉄棒には目が止まりません。そのため、巧技台の上には子どもが3人も乗ればぎゅうぎゅうだし、落下の危険もあります。しかも下りたと思ったらそこから上り始めるため、斜面ですれ違うこともあり、これまたドキドキ。斜面の側面を壁につけて設定していたため、反対側に落下することはないけれど、自分の行きたい方向に進めないことからイライラする子どもたち。

　一方通行にしようと、下りたら上ってきた斜面の方へと誘導することにしましたが、その場にしゃがみ込み"やだー！　こっちから上りたい"と訴える子が現れました。そのまま様子を見ていると、上から来た子とぶつかり泣き出す始末。このままでは楽しくない！　そう思った私は、巧技台の上に自分が上ることにしたのでした。

さすがの機転。ダメよ、と止めなかったことで、面白くなってきましたね。

　巧技台の上で、そのまま様子を見ることにしました。すると私の後ろを狭そうに「んー！」と通る子がいたことで、この斜面が橋に見えたのでした。そして、少し前に別の担任が『3匹ヤギのがらがらどん』のパネルシアターをやっていたことを思い出しました。これで遊ぼう！　とひらめいた私は「だれだー！　オレの橋をガタゴトさせるのはー！」と言いました。

　さっきまでの様子と違うことにビックリした子どもたち。その中の1人は面白がって斜面を上り、近づいてきました。私のところまで来たら、もう一度「だれだー！　オレの橋をガタゴトさせるのは！」と言いました。そして声を変えて「○○です。一番小さいヤギの○○です」と、その子どもの台詞を代弁しました。「それなら、とっとと行ってしまえ」と、その場から少し動いて子どもが通れるスペースを作りました。その隙間を通って斜面を下りていったのでした。

　この様子を見ていたほかの子も、後に続きます。何度か繰り返すうちに、「並んで」ということなく自然と順番待ちをしていました。しかも反対から上ってくる子もおらず、遊んでいて感動でした。

　何度も繰り返し楽しみ、そろそろ遊びが停滞し始めたこ

ルールは遊びを楽しくするためにある。楽しい経験から学んでいくのでしょうね。

とを感じたため、窓際にマットを広げ「おいでー！　ここでご飯食べよう」と提案すると、「たべるー」とマットに吸い寄せられるように集まる子どもたち。たっぷりとご飯を食べると、横になってゴロゴロする子がいたため「お腹いっぱいになったから、そろそろ寝ようか」と声をかけると、みんなでその場にゴロンとなって目を閉じました。「トントンしましょうかー」に「うん♪」と嬉しそうに反応してくれて、普段の生活が遊びとして再現されていることを感じ、これまた成長を感じて嬉しくなったのでした。

（小林加奈）

イメージをつなげて、流れをつくる

　筆者は、「ただ注意して行動を修正するのではなく、同じイメージを広げながら遊ぶことで、子どもも大人も楽しさを共有することができ、心地よい空間が生まれることを感じた。また、遊びが停滞していったことに気づき、イメージはつながっているけれど別の遊びへと変化させたことに、自分なりの満足感がある。」と言っています。

　保育者は、子どもの行動を直接注意して修正しようとします。しかし、子どもが意欲的に行動しているときは特に拒否されます。その時保育者は一歩引いて、どうしたらよいか考えることが大切です。頭の中で、楽しくなる工夫はないかと考えながら、子どもたちの様子を見るのです。ときにはこの事例のように、巧技台の上に乗って様子を見たりします。これは、子どもの立場になって想像しているのです。すると、以前の保育場面が思い出され、ひらめくのです。

「だれだー！　オレの橋をガタゴトさせるのはー！」の決めゼリフで、子どもたちも一気に巧技台が、"がらがらどんの橋"に見えイメージがつながり共有されます。すると、自然に一方通行になるのです。楽しくなる工夫って、素敵ですね。

　楽しいことも長続きはしません。そろそろ遊びが停滞し始めたという雰囲気を感じ、その後どうするかも大切です。保育を"ぶつ切り"にするのではなく、"流れ"を読んで心地よく遊ぶために、子どもたちのつながったイメージに沿って別の遊びに変化させることは、保育者に求められる力量です。

おしゃべりタイム

子どもたちとイメージを共有できる絵本はありますか？
その絵本の中身がイメージできる、決めゼリフは何でしょう？
みんなで出し合うと、おもしろそう……。

写真家がとらえた保育の中の子どもたち

事例④ レスキュー隊、出動!

真似てむらがるごっこ遊び

　朝の自由遊びの時間。かい君が「ケガしたよ！　たすけてください」と倒れた。最近大好きな"レスキューごっこ"の合図である。すぐさま「救急車呼んでください！　心臓マッサージ始めます」と、以前かい君に習った通りにレスキューを始める。「ここがいたいです」と頭を指さすかい君、「それは重傷ですね」と言っている所に「はい」とゆりちゃんが牛乳パックの救急車を持って到着。小さな救急車にかい君を乗せて（背中に敷いて）病院まで運び、無事に手術は成功した。

　「助かりましたよ」と言うとムクッと起きて役割交替。「せんせい、あしケガしてることね」とケガ人になるよう指示され「イタイ、イタイ」と倒れると、「しゅつどう！」と言ってレスキュー隊が到着。いつの間にかレスキュー隊はまつ君、あゆちゃんも加わり、かい君、ゆりちゃんと4人に。そして全身の心臓マッサージや治療が始まる。「ブ

エッ！　ブエッ！　苦しいんですけど……」と言ってもレスキュー隊の手は止まらない。同じように牛乳パックの救急車に保育者を乗せ、運ぼうとするも重くて動かせず、「ちょっとびょういんこっちです」「足ケガしているんですけど」「だいじょうぶ、こっちです」と自分で歩いてくるように指示され病院に到着。足の手術も無事に終わり退院の運びとなった。

　数日後。「せんせい、たいへん！　タテモノカサイ！」と朝から慌てた様子のかい君。急に大人びてきた言葉遣いに笑いをこらえながら「それは大変！　消防隊、出動してください！」と言うと、急いでリュックに絵本を詰めて出動の準備を始めた。しかし、何冊も詰め込んでいるものだから、なかなか出動しない。だんだんと「消防隊まだですか〜！」「お家燃えちゃうよ〜！」と保育者たちのいたずら心にも火がつく。

　　ようやくすべての絵本を詰め終わり出動すると、あわてて
帰って来て「たいへん、まだケガにんがいます！」との報
告。どうやらあゆちゃんがケガ人のようで、床に倒れてい
る。けが人役をする為に倒れたのか、ただゴロゴロしていた
だけなのかは不明。かい君は慣れた手つきで心臓マッサージ
を始める。保育者にした時とは違って優しい手つきである。
　　周りにいた子も集まってきて四方八方からくすぐられる
ように心臓マッサージをされるあゆちゃん。慣れた手つき
のかい君をよく見て真似をするのんちゃん。ニコニコみん
なの顔を見て揺れて参加している気分のしゅん君。そっと
触って様子を伺うゆりちゃんと、それぞれの姿がまた面白
い。初めはくすぐったがって笑っていたあゆちゃんだが、
心臓マッサージがエスカレートしてくると重くなってフガ
フガ言いだしたので、「どうですか？　助かりましたか？」
とかい君に聞くと「たすかりました！」とレスキュー終
了。今度は私もやってと言いたげにのんちゃんが寝転が
り、遊びは続いた。　　　　　　　　　　　（下田浩太郎）

> ここに注目！

子どもは手加減をわかってい
ますね。それを見てとれる保
育者の感性もステキ！

保育者は、ごっことリアルの橋渡し役

　　1歳児クラスの子どもたちは、自分のイメージしたものに身近なものを見立てて遊んだり、
自分がなったつもりになって遊んだりしています。
　　この事例でも、レスキュー隊員や消防隊員になりきって遊び、牛乳パックでできた救急車を
見立てに使って遊んでいます。実に楽しそうに生きいきと遊びこんでいるのは、この保育者が
子どもの誘いに躊躇なく身体で呼応し、寝っ転がったからだと思います。
　　この楽しい遊びを、まわりの子どもたちが放っておくはずがありません。
　　目ざとく見つけて、動きを真似し群がって同じように遊び始めます。この"レスキューごっ
こ"の最初の頃、かい君は保育者を独占し2人だけでごっこ遊びをしたかったから、他児が加
わることを拒んだかもしれません。しかし何度も同じごっこ遊びをしている今は、他児が加わ
ることも楽しいと感じているようです。逆に、みんなでイメージを共有してごっこ遊びができ
ることを喜んでいます。
　　この保育者のスタンスは絶妙です。子どもたちと一緒にごっこ遊びを楽しむ仲間としての保
育者の心身と、子どもたちを見守る大人としての保育者の目が、1歳児クラスでもごっこ遊び
を充分に楽しめるコツなのだと思います。
　　「救急車呼んでください！」と焦ってみたり、「それは重症ですね」と困ってみたり、「いた
い、いたい」と倒れてみたりと、ごっこの世界をノリノリで楽しんでいます。しかし、心臓
マッサージがエスカレートしてくると、「どうですか？　助かりましたか？」とレスキューを
終了させることは、安全上必要です。
　　そのうえ、まわりの保育者たちが、「消防隊まだですか〜！　お家燃えちゃうよ〜！」と、
いたずら心に火をつけてごっこ遊びを盛り上げているところに、このクラスのチームワークの
良さを感じます。
　　子どもも保育者も、寄ってたかって一日を面白がっていますね。

事例❺

カルタ？神経衰弱？

楽しいからいいじゃない

「カルタやる！」と絵札をテーブルに並べ始める２歳児かに組さん。「私も！」と席に着くお友だち。すると……絵札を全て裏返して並べだしました。「神経衰弱と間違えてない？」と思いつつも、様子をみることに。絵札を並べ終わり、「読んでぇ～」と大人に字札を手渡します。求められるままに字札を読みあげると、そのたびに絵札を一枚ずつめくって当り札を探し、確認して違っていればまた裏返して戻し、当り札をみつけだすと、「あった！」と手元へ。途中から参加したお友だちも、なんの違和感もなく仲間入り。くり返すうちに、裏返した絵札の場所を覚えた子は、字札が読まれると、サッとめくってゲット！　完全にゲームとして成立しているではありませんか。唖然。驚愕。ただただ驚くばかり……。

そうですよねぇ～。遊び方に"きまり"なんてありませんよねえ～。一緒に遊ぶ者同士が楽しめるのであれば、どんなルールだって"あり"ですよねぇ～。大人は、自分が培ってきた遊び方やルールをつい"正しいもの"として伝えたくなりますが、正しいルールで遊ぶことで、楽しく遊べなくなってしまっては、本末転倒ですよね。

ここに注目！

あるある～！

この「おもしろさ」は自然発生。こういう中から楽しい人との関わりが生まれているのですね。

子どもが決める生活をつくっていけるといいですよね。

なぜ ウラ返す…？

　とはいえ広く流布しているルールには、楽しく遊べる要素がつまっています。長い時をかけて磨きあげられたルールですから。その一般的なルールで楽しめるようになるまでは、今、ここにいる友だちと楽しんでいる"遊び方"や"ローカルルール"を見守っていきたいなあ……。

（田中康次郎）

遊びのルールは参加者の総意で決める

　「先生も一緒にやろう」と誘われたとき、まず私は子どもに「どうやるの?」と聞きます。年齢によって、集っている子どもたちによって、遊び方はさまざまです。子どもが言ったルールで遊んでみると、「これもおもしろい」と思えることがしばしばあります。

　遊びのルールは、みんなが楽しく遊べるようにみんなの総意で決めればいいと思います。正規のルールで正しさを押し付けるのは、窮屈なだけ、野暮というものです。

　しかし中には、あまりに偏ったルールを考えることもあります。でもその時の遊びは長続きしないのが通例です。なぜならルールを提案した子だけが、有利になるルールであることが多いですからね。トラブルになって終了するか、保育者もその遊びに参加して遊びが継続するように、「それじゃあ、おもしろくないよ」と発言して、集った子どもたちにルールを変えていくようにするかは、その時の状況次第です。

　ちなみに園生活のルールは、集団生活をしているうえで必要なものだと思います。しかしその生活のルールにおいても、生活しづらいと感じられたときには、柔軟に変更していくこともあると考えられます。

　また、交通ルールなどの社会的なルールにおいては、大人がしっかりと教えていく類のものと考えられるでしょう。

おしゃべりタイム

　あなたの園で、子どもたちが独自に考案し、おもしろいと思った遊びのルールはありませんか?

事例 **6**

砂場が芋畑に!

楽しいことは何度でも

今日は2歳児以上のお芋掘り。足取りも軽く農園へ。ササっと準備をすませ、土を掘り始める子どもたち。ところがなかなか顔を見せないさつま芋。天候のせいでしょう、なんと例年にない超不作！　掘れども掘れども根っこしか出てこない子が、そこにもここにも。お芋が出てこない子には、別の株を「こっちもいいよ」と無制限に掘らせてくれるおじさん。ありがとうございます。それでも、例年の１／５程しか収穫できず……。「はあ～」と肩を落とす職員たち。でも、一番がっかりしたのは、農園のおじさんかも……。

地域との良好な関係があってこそですね。

そんな大人たちをよそに、「細いお芋とれたあ～」「ちっちゃいお芋だあ～」「ハサミムシいたよお～」「幼虫みつけたあ～」と子どもたち。楽しむことにかけては本当に天才！　全体的に不作なので芋の大きさを気にする子がいなかったのは、不幸中の幸い？　だったかも……。

子どもたちに救われます。

掘った芋は家庭に持ち帰る予定だったのですが、収穫量が少なすぎて園で調理することに。持ち帰ることを楽しみ

にしていた子どもたちの気持ちを思うと、心が痛みます。でも、「赤ちゃんたちが食べられなくなっちゃうから……」と話すと、どの子も「いいよ〜」と。ならばと食べられそうにない芋を砂場に仕込む職員たち。何度でもお芋掘りを楽しんでほしいと……。悪戯っぽい顔で。

　翌日、いつものように砂場で遊び始めた2歳児さんたち。すると昨日掘ったお芋が、出てくるでてくる……。ニコニコの笑顔で、「びっくりしちゃった〜」と。楽しいことを"一回きり"になんて、しませんよ！　（田中康次郎）

> 楽しませたい、という思いが伝わりますね。

保育者の気転がピンチをチャンスに変える

　自然を相手にする栽培は、天候不順や台風など想定していないことが起こり、収穫できないこともあります。虫や鳥に食べられたり、折れてしまったり、枯れてしまったり……。

　そんなときの子どもたちの反応が楽しみです。がっかりする子や何がいけなかったのだろうと考える子、こうすればいいよと提案する子……。それぞれの子どもの気持ちを受け止めながら、「うまくいかないこともある」ことを子どもに知ってもらい、これからどうするかをみんなで考えるきっかけにすればよいと思います。予想外の状況をどう打開し、臨機応変に対応していくかを考えることが保育だと思います。

　保育に失敗も無駄もないと思います。無駄にしない工夫が大事なのです。うまくいかない時にこそ、保育者は遊び心を持って"ヒラメキ力"を発揮したり、熟考して工夫したりすると、思いもよらない展開になることがよくあります。その展開を面白がることが、保育の幅を広げていくことにつながるのだと思います。

おしゃべりタイム

保育で予定したことがうまくいかなかった時、機転を利かして成功した例はありますか？

事例 ❼ # ひとりでおせわしてる!

お姉さんになったんだもん

　まみちゃん（年少）が変わり始めたのは２歳児クラスとの交流が始まった頃だった。

　それまではみんなの前に出るのも苦手で、年少で並んで名前を言ったりわらべうたをする際には、しほちゃんと一緒に"動いてなるものか！"とストライキを慣行していた。自ら名前なんてもちろん言わず、「じゃあ、（そのまま）お席で返事してくれるかな？　すずきまみちゃーん！」と呼ばれてもムッとへの字に口をつむったまま斜め下をジッと睨んでいた。

　そんなまみちゃんが当たり前のように前に並んで、「すずきまみです！」と、さも"いつもしてますけどなにか？"と言わんばかりの表情で自己紹介をしたのは２歳児クラスとの交流の日だった。まっさきに前に出ると、足を畳のへりに合わせてスッと立つ。ほら、お姉さんでしょ、というオーラをまとって。

　室内遊びが始まると、年中さんたちと競い合うかのように、小さい子のお世話をしていた。おままごとではお母さんが、あかちゃんをあやすかのように膝の上で抱っこをし遠くから見ていると「よちよち」というあやし言葉が聞こえてきそうな雰囲気。そうして帰りの時間になるとギラっと目を光らせ、"わたしがてをつないでへやまでおくるから"という空気が全身からあふれ出ていた。

　２月に入ると、朝も「ちゅうりっぷ（２歳児）さんでおせわしてきていい？」とゆきちゃん（年中）と一緒に遊びに行くことが増えていった。驚いたのはゆきちゃんが「当番」だった日。「お世話してるとこごめんね。今日ゆきちゃん人数報告の当番の日だった」と保育者が声を掛けに行くと、「あ、そっか！　まみちゃんごめん、いってくるね」と自分の部屋に戻ろうとするゆきちゃん。そこで「まみちゃん、どうする？」と聞くと「ひ

おねえさんですから　なにか？

とりでおせわしてる！」ときっぱり答えたのだった。

さすがに一人では残らないだろうと思っていたので、まみちゃんの返事に思わず「ホント？　一人で大丈夫？」と聞き返してしまった。それでも「うん！　だいじょうぶ！」と言い切ったまみちゃん。しばらくしてから朝の会が始まる時間になったので呼びに行くと、しっかりとトイレに行く子たちのズボンを脱がせてあげていた。

立場が変わることで成長する。新年度が始まり、いよいよ年中になったまみちゃんは自信にあふれている。お世話される側からする側へ。憧れのお姉さんへ。でも、張り切っているわけではなさそう。張り切る時期はもう過ぎたからかもしれない。当たり前に「お姉さん」として、教えてもらってきたことを今度は優しく教えるまみちゃんがそこにいる。これからどんな姿を見せてくれるか、楽しみである。

（下田浩太郎）

ここに注目！

保育者の予想を上回るまみちゃんの決意と自信が伝わってきますね。

子どもも立場が変われば姿も変わる

保育園では、0、1、2歳児クラスを"乳児クラス"、3、4、5歳児クラスを"幼児クラス"と呼んだりします。そのせいで保育者は勘違いしてしまうのか、2歳児クラスから3歳児クラスになった子どもたちは、急に立派になったように見えます。

保育者の期待を込めた思いと子どもの大きくなった喜びが、子どもたちを"幼児体型"に変態して見せているのでしょう。

子どもたちの心の中には、幼児クラスになった自信と幼児クラスの中では一番下のクラスという不安が入り混じって、自分の立場を模索しています。その中で、昨日までは見せなかった言動をするようになるのだと思います。立場が変わったことで、以前に自分がしてもらっていたことをしてあげたいと思うようになるのでしょう。

まみちゃんのように、「2歳児クラスとの交流の日」というきっかけで変化した姿を見せると、保育者はオーっと驚きます。そして、ゆきちゃんと一緒にお世話していたのに、一人でお世話という窮地に陥っても決意が揺らがなかった勇気に、保育者はウーンと感動します。

子どもは、集団の中で自分の立ち位置を確認しながら、自分の思い（意欲・願い）とまわりの思い（期待）をないまぜにして、自分のタイミングで成長していくのだと思います。

まみちゃんが、"小さい子のお世話をする"という行為は、小さい子の生活や遊びのお手伝いなのか、お姉さんという役割を担ったごっこ遊びの現実化なのかを考えることは意味がありません。まみちゃんにとっては、圧倒的に魅力的な生きる営みなのです。

小さい子とまみちゃんの満足感が、次の関わりの意欲につながり、積み重なって充実していくことでしょう。

事例 **8**

ぜったいにイヤ!

エリちゃんの興味をクラスに響かせて

　虫が大好きなエリちゃん（3歳児）は、12月になってあまり姿を見せなくなったダンゴ虫を発見しました。給食の時間が近づきクラスのみんなが入室しても、ダンゴ虫の観察に夢中になり保育室に入れないでいました。4歳児クラスがまだ園庭に残っていたため、いったんエリちゃんを4歳児クラスの担任にお願いして、私は一度保育室に入りました。給食の準備が整いクラスが落ち着いたので、エリちゃんを迎えに園庭へ向かいました。そこで、4歳児に混ざって転がしドッジボールに参加しているエリちゃんを目にしたのでした。

　4歳児クラスの担任に話を聞くと、転がしドッジボールで遊んでいたボールがエリちゃんのところに転がり、そのボールを取ってくれたことがきっかけとのことでした。外野に転がったボールを拾い、にこやかな表情でボールを転がすエリちゃんの姿に驚きと感動

がありました。これまでの間に、3～5人が集まって鬼ごっこなどをクラスで楽しむようになっても、エリちゃんは興味を示しませんでした。そのため、この光景は私の中に強く印象に残ったのです。

> 見逃してはいけない姿ってありますよね。このタイミングが大事。チャンス、チャンス！

　これをクラスの中につなげたいと思った私は、エリちゃんと2人でボールを転がして遊びました。担任のやっていることにすぐに興味を寄せる子どもたちが「なにしてるの？」と近づいてきました。「ボール転がしで遊んでるんだよ」と伝えると、「いれて！」と次々に人数が増えていきました。そのため、転がしドッジボールのルールを説明し、私とエリちゃんは外野で、その他の子どもたちは内野で遊び始めました。

遊んでいるうちに、「アカネもボールころがしたい」という声がちらほら聞こえてきます。エリちゃんは「ぜったいにイヤ!」と外野を変わりませんでした。そこで内野を楽しくしようと思い、ボールに当たった子は"応援チーム"という名前を付けて、ボールに当たった後も応援という形で遊びに参加できるようにしました。すると子どもたちの興味が、ボールを転がす外野ではなく応援チームに移りました。最後まで応援チームにならなかった子(ボールに当たらなかった子)の名前を呼ぶことで、更に盛り上がりを見せました。この遊びは、1ヵ月ほど盛り上がりました。

年が明けた頃、エリちゃんが自分から「なか、やってみる」と私に言ってきました。今まで十分に外野を楽しんだからこその言葉だと感じました。そして、内野の魅力にも気づいたエリちゃんの成長に嬉しさもありました。「いいよ。そしたら、誰がボールを転がそうか……」と言うと、次々に手が挙がり「ボク」「ワタシ」と選んでもらうことを期待したまっすぐな目で見てくる子どもたち。今まで私の思いをくみ取って我慢していたのかなと思うと、胸がキュッと締め付けられたのと同時に、みんながエリちゃんをクラスの一員として受け入れていたことを感じ、心温まる瞬間でした。

(小林加奈)

遊びがやわらげる自己主張と我慢

集団遊びに興味を示さなかったエリちゃんが、年上の子どもたちが転がしドッジボールを楽しんでいる様子を見て、自分もやってみたいと思ったのでしょう。もしかしたら、転がるボールがダンゴ虫に見えて、興味を持ったのかもしれません。隣のクラスの担任にやさしく声をかけられ、寄っていったのかもしれません。年上の子どもたちがボールをよけて、嬉々として跳びはねている様子がおもしろかったのかもしれません。いずれにしろ、転がしドッジボールに誘われて参加していたのです。

このエリちゃんの変化を見逃さずタイミングよく関わり、クラスの子どもたちにつなげていく姿勢は、この保育者の願い通り、集団遊びを楽しむ呼び水になっています。

この保育者の妙味は、集団遊びを楽しむこと一辺倒ではなく、一人ひとりの子どもを大切に見ていく姿勢を崩さないことにあると思います。

エリちゃんが外野を変わるのを「ぜったいにイヤ!」と、自己主張したことに付き合い続け、「ズルい!」と思ったであろう他の子どもたちに寄り添うために、「応援チーム」という遊びを考案し参加させることで集団遊びが盛り上がっています。

こんな魔法使いのような実践ができたのは、この保育者が日頃から子どもたちに信頼されていたからだと思います。その子どもたちが、我慢という包容力で、エリちゃんを受け入れていたのでしょう。そしてエリちゃんが満足したとき、他の子どもたちの我慢は弾け躍動したのだと思います。

それにしても、保育者が一人の子どもを大切にするところを、まわりの子どもたちはつぶさに見ていて、それが自分も大切にされることと確信している子どもたちの許し合い・育ち合いの直感ってすごいですね。

おしゃべりタイム

一人の子どもの興味をクラスの子どもたちにつなげて、盛り上がった遊びの経験はありますか?

事例 ⑨ 幸せな"こわ～い"時間

やられた～

　8月下旬の給食後のことです。さきちゃんが「せんせい、こわいはなししよー」ともちかけてきました。「いいよ」と返し「どんな話？」とたずねると、彼女は少し低めの声で「よるのこうえんには、しんだこどものたましいがさまよってるんだって。それでね、さき、ママといっしょによるのこうえんとおったら、だれもいないのにブランコがゆれてたの～!!」と言うのです。僕は予想を越える話のクオリティーに驚きながら、この少し前から子どもたちが小さな輪をつくって怖い話をしている姿も思い出し、クラスに「みんな～、寝る前に怖い話大会しない？（トリは、さきちゃんにしてもらおう！）」と提案をすることにしました。子どもたちは「いいね～」と大賛成。さっそくホールに移動して、電気を消して部屋を暗くして車座になりました。

　始める前に「怖い人いる？」と聞くと「はい」と、てつ君と、あきちゃんが手をあげました。そこで「そういう人は（手で耳をふさいで）こうしておくといいよ！」とアドバイスすると、てつ君は半分だけ耳をふさぎ（少し聞きたい様子です）、あきちゃんは耳をふさいで僕の横にぴとっ

子どもの活動の扉をちょっと開けてあげるような関わりがいいですね～。

もうこの時点で、ワクワク感にあふれていますね。

こわ～い

とくっつき（気にはなる様子です）、みんなの準備が完了。いよいよ怖い話大会のスタートです。「それじゃあ、誰から話す？」とたずねると、「はい！」と手を挙げた、とし君。「それじゃあ、どうぞ」と振ると「あのね……」と話し始めます。みんなのドキドキが手に取るようにわかりました。とし君は続けます「としがね、もらったふうせんがね……なくなったんだ……」彼は完全に怖い話を語るテンションで、この話を話しきりました。

僕は彼のテンションと話の内容とのギャップに吹き出しそうになったのですが、しげ君が少し嬉しそうに「こわーい」と言うと周りの子も笑顔で「こわーい」との反応。なんだか、怖い話をしているのに幸せな空気が流れる時間となってしまいました。それに続いた、とおる君、れいかちゃん、しげ君たちも、とし君の流れに乗り「おもちゃがなくなってた」「つみきがなくなった」「ふうせんわれてた」などと話していきました。そのたびに周囲からは笑顔で「こわーい」の声。これはこれで幸せだから良いのだけれど、一人くらい……との思いから「あのね、さきちゃんは、すっごく怖い話できるんだよ」と前振りを入れてから、大トリをさきちゃんに頼むことにしました。

> 「これはこれで楽しんじゃえ！」と思ったのでしょうね。

「わかった」と話し始める、さきちゃん。「あのね……さきがおうちのソファーのうえにおもちゃをおいておいたらね……」と話し始めます。まさかと思うと、結果はまさにその通りで「おもちゃがなくなってたの！」と嬉しそうに話し終える、さきちゃん。当然周りからは「こわーい」の声を頂いて、大満足の怖い話大会となりました。

> 大人の期待より、空気感が大事だったんだね。

幸せな「こわ〜い」がつないでくれた、子どもたちの世界。大人の予想は裏切られ続けながらも、子どもたちを包み込む「これこれ！」「いいよね〜」という空気感が最高でした。　　　　　　　（上田隆也）

面白さが子どもたちをつなげる

　大人の期待を察しながらも、みごとな裏切り。やりますよねぇ〜。大人の期待以上に友だちのノリ、友だちが作りだした空気を大事にしたかったのでしょうね。

　ホールに集まって車座になった時点で、もはやワクワク感は頂点。その雰囲気を感じて、おそらくはあえて怖くない話のボケをかまします。それをちゃんと「こわ〜い！」とつっこむ子も……。「これはこれで楽しんじゃえ！」と。みごとですね。もしかしたら、怖がっている友だちへの配慮だったのかもしれませんが、なんの注釈もない中で瞬間的に、子どもたちだけで連帯することがあるんですよね。

　子どもたちの瞬間的なノリには、大人の算段なんて、つけ入る隙もありません。それを邪魔しない保育者でありたいですね。

事例⓾ # きのせいだよ、きっと

重なり合うユーモア

近隣公園のはらっぱに散歩に行った時のことです。

みんなが虫探しやお花摘みや追いかけっこなど思い思いの遊びをする中、「せんせ〜、てんとうむしみつけて」とお願いに来たけん君（4歳）。「よ〜く（草の中）見たらきっと見つかるよ」と保育者が四つん這いになって草むらを探していると、ピタッと背中にくっついて上に乗ってくるけん君。保育者に探させといて自分は背中に乗って高みの見物だなんて、まったくもう……と思いつつも、普段はあまり甘えてこないけん君のこんな姿がうれしくて、そのまま探していると、それを見ていたよし君（3歳）とあやちゃん（3歳）もクスクス笑いながら背中に登ってきました。

しばらくそのまま探していたのですが、さすがに背中の重さに耐えかね、近くにいたかいちゃん（3歳）に「ねえねえ、なんか（先生の）背中に乗ってない？」と聞いてみました。すると、かいちゃんの答えは「きのせいだよ、きっと」とのこと。それがまた、笑うわけでもなくサラッと言ってのけちゃうもので、その言い方がおかしくてたま

2人の幸せな思いが重なっている瞬間だね。

いいね〜　このオトボケ感。

りません。もう一回聞きたくて、しばらくしてからもう一
度「やっぱりなんか背中が重いんだけど」と聞いても、
やっぱり「きのせいだって！　フフフ……」とさすがに今
度はかいちゃんも自分で笑ってしまったのでした。

　その後もしばらく「おかしいなあ、重いんだよなあ」
「きのせいだって〜！」「じゃあ、振り返ってみるよ。あれ
〜、いないなあ」「きのせいだよ〜」……なんて言い合っ
ていると、背中の3人も笑いが止まらなくなり、必死でし
がみついていた手もだんだんずり落ちてきて、最後は見つ
かってしまって大笑いとなったのでした。暖かな春の日で
した。
　　　　　　　　　　　　　　　　　　　　（下田浩太郎）

> この間の取り方が絶妙。

遊び心が生みだすファンタジー

　子どものユーモアのセンスってピカイチです。真顔で「きのせいだよ、きっと」なんて、
言ってのけちゃうのですから。

　きっと背中にしがみつく友だちのとろけるような笑顔と、その甘えを心地よく受け入れてい
る担任のおとぼけが、やっぱり心地よかったのだと思います。分かっているくせに、「なんか
背中に乗ってない？」と子どもにたずねることで、現実世界から少しだけ離れた"おふざけの
世界"に誘い込んでいますよね。だからその空気を壊さずに、そのままにしておきたかったの
でしょう。

　お互いにクスッと笑い合えるやりとりがユーモアです。でも本人だけが笑えて、相手は少し
も笑えない言動は、たんなるからかいにすぎません。なので、おふざけは子どもたちの心の動
きをよ〜く見て取りながらすることが不可欠です。

　「きっと」の一言は、「先生、そのまま続けてよ！」という念押しに聞こえます。でも2回目
にはこらえきれずに笑ってしまいます。徐々に広がる"おかしさの渦"に巻き込まれたので
しょうね。その"おかしさの渦"はやがて、その場にいた人を次つぎと巻き込んでいき、『最
後はみんなで』となったのでしょう。大笑いすることで、現実世界に戻ってくる。ちょっとし
たファンタジーですよね。楽しさを共有することで、想像と現実をごちゃまぜにする、思いも
つかないゆる〜いやりとりを楽しみませんか。いつだって"おふざけの世界"を楽しめる、大
笑いで終わる"やりとり"をいっぱいできる保育をしていきたいですね。

おしゃべりタイム

子どものユーモラスな言葉にノッて、遊びがはずんだことはありますか？

映される心模様

もはや断崖絶壁・ビルディング

運動会翌日、昨日のワクワクやドキドキ・楽しかったことを描き始める子どもたち。「ここで走って〜ここで見てて〜」と、実況中継のようにおしゃべりがとまらないぺんぎん組（3歳）さん。だって子どもたちにとって描画は、おしゃべりの延長ですから。おしゃべりをしながら描かれていく絵を見ていると、グルグルの線からも、点々からも小さな丸からも、込められた思いが伝わってきます。かけっこ楽しかったよね〜。

なるほど〜！

自分のことだけじゃなく、"恥ずかしがり屋仲間"を一緒に描く子や、憧れのくじら組（5歳）の競技を描く子がい〜っぱいのいるか組（4歳）さん。子どもたちのはじける思いに触れ、担任はにやけるばかり。そんななか画用紙のほぼ8割。約25センチ×18センチという大きなおおきな赤い縁取りの四角と、その横に3センチ×1.5センチほどの小さな小さな人影を描く子が。「なにを描いたの？」と尋ねると、「大きな戸板上った！」と。それは戸板というより、もはや断崖。そんなところを駆け上っていたんだねえ。

この対比に、大人の想像以上の『挑む』たくましさを感じます。

楽しさと嬉しさが、目に飛び込んでくる絵ばかりのくじら組さん。バルーンの鮮やかな彩りに負けないクラス全員

のピカピカの笑顔。

　躍動感あふれる縄跳び。２分間も跳び続けたから「楽し〜い！」の絵と「疲れた〜」の絵、両方とも描かれています。みごとなコントラスト。自分の背丈の５倍もある跳び箱を描く子も。それはもはやビルディング。描いたのは、誰よりも確かに５段を跳べる子。それでも当日はこんな思いで挑戦したんだねえ。一人ひとり違う心模様が描かれ、一枚一枚が味わい深いのです。　　　　　　（田中康次郎）

> 高い目標を達成した誇らしさが表れているね。

出来栄えを評価せずに、感想を伝える

　子どもの本音に触れる瞬間は、貴重です。日々の中で、保育者は子どもの思いをわかった気でいます。しかし、勘違いしていることも多いのだと思います。

　そういえば、子どもの頃の思い出の場所に大人になってから行ってみると、こんなに小さかったかなと感じることがよくあります。大人の目線と子どもの目線の違いだけではない、世界の見え方や経験の違いのようなものも感じます。

　子どもの思いを真に知ることはできないけれど、知ろうと模索することで、近似値を見いだすことが、保育者の"寄り添う"という行為なのかもしれません。

　子どもの絵や制作物に対し、その出来栄えだけを評価すると、子どもの苦手意識を増幅させ、やがて嫌いになってしまいます。子どもたちが自由に表現し、それに込めた思いに保育者が心を寄せていると、子どもたちは素直な思いをオリジナリティあふれる作風で表現するようになります。

おしゃべりタイム

子どもたちが絵を描いている時、どのような対応や声かけを心がけていますか？

事例⑫ いちごさんは、入れてあげない

行事は、子どもたちと一緒につくる

　この年の年中クラスは一人ひとりは個性が強く、手が掛かりそうな子が沢山いるという感じだが、集団になると不思議とまとまる気がする。

　そのため、子どものつぶやきを拾ってはお店屋さんごっこやおふろ屋さん（詳しくはスーパー銭湯）ごっこを楽しんできた。

　12月に発表会が終わって数日経った頃、何となくだがクラスの子どもたちの表情が気になった。大人が運動会、発表会が終わりどこか変なやり終えた感が出てきてしまっているのだろうか、なども考えた。

　そんな時、子どもたちが続けざまに、廃材などを使っての製作や絵と折り紙を組み合わせたものなど見せに来た日があった。中でもプチプチ（緩衝材）を使って閉じたり開いたりできる傘を見た時には、「なるほどねー」と子どものようにさして歩いて感動した。子どもたちの作品を見て「展覧会（作品展の方がぴったりくるかもと後で思ったがここでは咄嗟にこの言葉が出た）が出来そうだね、私だけが見るのはもったいない」とつぶやいた。すると傘を作ったなるみちゃんが「ねえ、てんらんかいってなに？」周り

ここに注目！

知らない言葉を知りたい！に加え、保育士のつぶやきを感じとり、なるみちゃんのアンテナが反応！

の子も「なに？」と興味を持った。説明すると「やろうやろう」「やりたいやりたい」となり、みんなで決めようと言うことで夕方話し合いを行った。

　一番紛糾したのはしげ君の「ホールではなくお部屋で飾りたい」と広いホールではなく部屋でと言い張った場面。一対多数という感じだったが譲らない。よくよく聞いてみると、以前お店屋さんごっこでいちご組（2歳児）を招待した時にきれいに並べてあったものを壊されたからのようである。だいき「ないしょでやればいい」さき「みつかっちゃうよ、だってたのしそうだから」他にも意見が出たが話が逸れていく。「だれか展覧会に行ったことがある？」と尋ねると、なな「ディズニーランドはチケットがないと入れないよ」。私が「なるほどー」と、良い方向に行くと思いきやみずき「ディズニーランドとてんらんかいはちがうよ」とまた振出しに戻る。「美術館だと展覧会に近い？」と尋ねると、みずき「びじゅつかんってなに」となり説明するとこうた「かがくはくぶつかんいったことある」と言ったのでどうだったか尋ねると「ほねがかざってあって、こわされるから、おまわりさんがたっててかってにはいれないんだよ」わたしが「警備員さんの事かな、そうそう、入り口にも立ってくれてるよね」と言うと、なるみ「ちけっとをみせて、もってないひとはけいびいんさんにとめてもらえばいい」、まな「いちごさんがきたらけいびいんさんやくのひとが、だめですととおせんぼする」ここでしげ君は納得。ホールで行うことになる。

　翌日はチケットをどうするかを考え、こうた「えいがかんにいったときはんぶんかえしてもらった」と半券の話が出、半券の説明をすると、さき「やぶっちゃうの？」と作った券が破られるのを気にした為、子どもたちで事務所の先生に相談に行き、点線上に穴が開き手で奇麗にちぎれるというペーパーカッターを借りてきた。なんだか展示品そのものではないところでどんどん話が進んでいった。しかし、その日を楽しみにチケットも準備、作品も増え看板や飾りも着々と進んでいった。

　あれほど紛糾した『いちごさんおことわり』のことも忘れ、いちごさんにも招待状を出していたのが子どもらしい。

　当日は受付2人と警備員5～6人と言う厳戒態勢。調理さんが「何してるのー？」とのぞいてくれたのに、まな「ちけっとはありますか？」調理さんが「持ってなーい」と答えるとシビアにも、ななに「だめです！　はいれません」と断られてしまった。それを見ていた看護師が面白が

り勝手に入ろうとすると警備員が全員で手を横に広げ囲まれ押し出されてしまった。
　その後ちゃんと私の所に余ってるチケットがないか聞きに来て、届けに行ってあげるところも子どもらしい。
　大人のつぶやきを子どもが拾って、大盛況？　の展覧会になった。　　　　　　　　　　　　　　　（山下あけみ）

やがて保育者はアシスタントに

　「なるほどねー」とつぶやいた担任の一言から始まった取り組み。なんの計算もなく、ただただ制作物の見事さに感嘆しただけ。さらに担任として、単純に「こんな素敵な作品を他の人たちにも見てほしい！　見せたい！」と思っただけ。そんな担任の思いを"展覧会"という聞きなれない言葉の意味とともに、ひも解いていく子どもたち。その過程で次第に、心境が変化していきます。最初は"作る"という作業そのものを楽しみ、やがて制作物を担任に"見てもらう"ことを楽しんでいただけなのに、"見せる"ことを意識するように。だから展示作品を壊してしまういちご組は、入場させたくない！　もっともな意見ですよね。さらには、展覧会を"営む"ことへと心境が変化していきます。だから『入場お断り』のいちご組にもチケットを配り、チケットがない調理さんや看護師の入場を阻止したにも関わらず、チケットの入手に奔走する。笑えますよね。

　担任はつぶやいただけ。子どもたちの知識にないことを助言しただけなのに、子どもたちは、自分たちが持っているあらゆる知識と技術を結集させ、みんなを楽しませてしまう。そんな行事を保育者はＡＤ（アシスタントディレクター）に徹しながら、子どもたちと作っていきたいものです。

　大人の「もったいない！」からでも、子どもの「やりたい！」からでも、いいのです。子どもたちを自慢したい！　他クラスの子たちや親を楽しませたい！　喜ばせたい！　という取り組みであれば。でも主役は子どもたち。保育者は必要な物の準備や、アドバイスをすることで"一緒に"を味わいたいですよね。

おしゃべりタイム

保育者がどこまで関わるか、子どもとの距離の取り方で悩みませんか？

写真家がとらえた保育の中の子どもたち

事例 ⑬ # ドキドキしたぁ〜

自分を超えてたくましくなる時

今年もお獅子が保育園にやってきました。子どもたちが少しでも怖がらずにすむようにと、ゆっくりとした動きで。センセーが獅子の役をやっていることを見せながら。それでも、その形相と大きさに身を固め、担任の陰に隠れ、しがみつく乳児さんたち。そりゃあそうですよね。

さすがに回数を重ねている幼児さんたちは、余裕で頭を噛んでもらい得意顔。でも怖い子は怖い。「頭を噛んでもらうなんて無理！」と言うぱんだ組（○歳児）さん3人。「そうだよね」と見守る担任。ところが……勇気をだして頭を噛まれにでる、ひつじ組（○歳児）さんやこあら組（○歳児）さんを見ているうちに、「よし、自分も！」と、2人のぱんだ組さんが列に加わり、残ったのはただ1人。「頑張ってみれば」と背中を押そうかと……。でも2人の友だちをじっとみつめている姿を見て、勇気を絞りだしていることを感じとり、ぐっとがまん。すると、ぱんだ組の2人が噛んでもらう姿を見た瞬間、「行く！　行くからセンセーもきて！」と担任の手をとり、自ら列に並び、怖さをこらえて噛んでもらったのでした。「よかったあ黙って

辛抱強く自己決定を待つのって大変！

見守り続けて……」と安堵する担任。だって"「自分だけ勇気をふりしぼれなかった……」という思いをさせたくない"という思いと、"きっと自分で怖さをのり越えられる！"という思いの狭間で、激しく揺れていたから……。

「できた！　噛んでもらえた！」と誇らしげに、晴れやかな顔ではしゃぐ子。その姿をみつめる担任は……やっぱり同じ顔。だって子どもと同じだけ、ドキドキしていたのですから。本当に、よかった……。ほっ！　（田中康次郎）

> 子どもの思いと保育者の願いが重なった瞬間！

"怖さ"とも自ら向き合う子どもたち

　獅子舞や鬼は、ただただ恐怖の存在ではなく、畏敬の念を抱く存在だと考えます。怖いけどその怖さを乗り越えて克服したいという思いが、ありったけの勇気を振り絞れるのでしょう。乗り越えた時の誇らしげな充実感は、子どもの心をひと回り大きくたくましくすることでしょう。

　くじけた時の恥ずかしさも味わう意味があると思います。自分の弱さを知ることで逆に承認欲求が高まり、次への意欲につながると考えます。保育者は、子どもとは違う心臓の高鳴りをこらえつつ、子どもの勇気が満ちるまで支え続けます。

　このような切羽詰まった感情体験を、保育者はどう向き合わせるのか、子どもはどう立ち向かうのかを、保育者間で検討する必要があります。

　一日限りの伝承行事では逃れる余地がある"こわさ"と、日常の中で向き合っている逃れられない"こわさ"はリンクしていると思います。伝承行事で振り絞った勇気が、日常生活の支えになるようにしていきたいですね。

　反対に世間では、"鬼アプリ"が流行っているそうですが、怖さを子育ての便利ツールにしてはいけないと思います。また、お仕置き的に怖がらせておもしろがることは、あってはならないと考えます。

　伝承行事は、日常の積み重ねの延長上にあるというよりも、日々の節目としての"晴れの日"の行事だと思います。けがれ（気枯れ・汚れ）を落とし、気を満たして元気になるために行っていることを、保育者も認識しておきたいものです。

おしゃべりタイム

あなたの園で行なわれている伝承行事の、それぞれの由来を知っていますか？

事例 ⑭

わかると楽しい

歌は日常を豊かに彩る

　クラスで季節の歌やうたってみたい歌を子どもたちと一緒に決めながらうたっているが、歌が苦手という子もいる。中でも行事の歌は歌詞がむずかしく、苦手という子が増え楽しくうたえていない。ひなまつりの歌はそのひとつ。特に男の子たちは分からないのか、ほとんどうたっていないことが多い。

保「むずかしい歌だね」

子「うん」

女の子「でも知っているからうたえる」

女の子「わたしも」「わたしも」

男の子たちは黙ってしまった。

　ちょうどひな人形出しを年長組がやることになっていたので、子ども達と一緒に飾りながら名前を覚えていけると少しは歌詞を覚えられると思い、子ども達に声をかけた。「今日、お雛様を出すよ」「やる、やる」とやる気満々の子ども達。ひな人形を飾る見本の写真を見ながらみんなで何を出したいのか決める。

　ふたを開け和紙で包まれたお人形が出てくるのでどの子も「うわ〜」。それまで雑に箱を扱ったり、うるさくして

大切に包まれていること、そして包みを開けて目にしたおごそかなお人形に、子どもなりに伝承文化の重みを感じとったのでしょうか。

いた子も穏やかになり、優しくなり始める。

女の子「知っている。これ3人官女」「ウチにもある」「ウチにも」と言いながら小物を持たせたりしている。

保「この人たちは何をするか知っている？」

子「知らない」

保「お雛様をお世話する人だよ」

子「一人であの着物着られないから手伝う人が必要なんだよね」

子「五人囃子だ」「知っているよ。ウチにもあるから」

子「本当に笛や太鼓があるよ」と言いながら「ご〜にんばやしの笛太鼓〜♪」とうたいながら人形に持たせている。

細かい物があるのでだんだんと男の子たちは飽きてきたが、右大臣、左大臣の人形を出すと「うわ〜」

子「この人赤い顔しているよ」「寒いのかな？」

保「違うよ。お酒を飲んだから赤い顔をしているんだよ」

子「お母さんと同じだ」笑いが起きる。

子「赤いお顔の右大臣（うたいながら）だよね」「あっそうか」

子「ウチにはこの人いないよ」「私のウチにもいない」

　騒がしくなり、けんかをしながらもなんとか飾り終え、最後に子どもたちにクイズにして問題を出しながら金の屏風、桃の花、ぼんぼり、お内裏様、お雛様を飾った。

子「できた。きれいだね」と言いながら7段飾りのひな人形に向かいなぜか正座をしながら歌い始めた。人形の名前が出てくると指さしをしながら楽しんでうたっている。

人形の重厚感に思わず!?

　しっかり歌詞を覚えたので、特に3、4歳クラスの子どもたちが見ていると顔をあげ胸を張りうたっている。うたい終わると男の子たちが「歌っていいね」とつぶやいていた。

（藤田朋子）

経験を通して歌のよさを感じたのでしょう。

歌は日常の彩り

　赤ちゃんの時から、わらべうたや子守唄、童謡を、日常の中で唱えるように保育者が生の声でうたっていると、その心地よさに子どもは、自然と身体を揺らしたり節の最後だけ真似してうたったりするようになります。そうして、曲のリズムと歌詞を覚えていきます。保育者が子どもを膝にのせてうたう歌は、子どもの身体に沁みていき、聞き覚えのある曲とか馴染みの曲となっていくのでしょう。

　そして4〜5歳になった時に、歌詞の内容を実際に見て理解し、自信を持ってうたえるようになるのではないでしょうか。

　また、子どもが言葉を覚えるとき、保護者や保育者の言葉のリズムを真似しているように思えます。その意味で、歌は子どもが言葉を楽しく獲得する有効な方法だと考えられます。大人が子どもにうたっているときの心持ちは、とても柔らかく温かいものです。

　歌声が響きわたる保育園っていいですね。

事例 ⑮

今年のおみこし
何にする?

「どんぐり」に込めた思いやり

　7月の大きな行事と言えば夏まつり!　今年もおみこし
を担いで練り歩きます。そこでさっそくおみこしづくり。
おみこしの屋根の上にどんな飾りを作ってつけるか、皆で
話し合って決めていきます。それぞれ考えてきたものを発
表していくと、オバケ・どんぐり・人魚・鬼・小鳥の5つ
が出されました。さて、そこからどうやって決めよう。多
数決やじゃんけん、あみだくじなどの意見が出されました
が、3、4、5歳児(異年齢クラスです)で色々と話し
合った結果、5歳児の9人で納得いくまで話し合って決め
ることにしました。

こういうやりとりの中で、子
どもたちの「自分たちのこと
は自分たちで決める」という
思いが育つのでしょうね。

　候補の書かれた紙を真ん中に、9人で囲んで話し合いま
す。保育者は少し離れたところから見守っていると、それ
ぞれ意見を出しながら何やら鉛筆で書きこんでいます。ど
うやら候補はオバケとどんぐりに絞られているようなので
すが、しばらく経ってもなかなか決まりません。そして集
中も切れてきたようで、寝転がったり外を見始めたりと気
持ちはバラバラに……。一度保育者が中に入り、少し話し
合いのアドバイスをしてから、「みんなが"これがいい"っ

子どもたちの力に応じて、交
通整理が必要ですね。

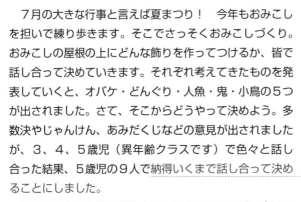

て納得できるものに決まったら教えて」ともう一度5歳児に託しました。

　しばらくすると、今度は全員で「どんぐりにきまりました」と教えに来てくれました。その理由を聞いてビックリ！　どうやら希望はオバケの方が多かったようなのですが、「ゆうじ君がしゅじゅつでがんばってるから、ゆうじ君（4歳）がつくりたかったどんぐりにきめた」というのです。ちなみにゆうじ君はそけいヘルニアの手術を終え、自宅安静中。自分たちにとっては最後の夏祭りのおみこしを、年下の子の思いまで考えに入れて決めるなんて……。その優しさと柔軟さに思わず感動してしまいました。

（下田浩太郎）

> 一緒に遊び、生活している異年齢保育の中でこそ育まれた"思いやり"。

思いを出し尽くすからこそ折り合える

　きっとどの子も夏まつりを楽しみにしているのでしょう。おみこし作りもその楽しみの一つなのでしょうね。"楽しみ"を支える要因の中心にあるのが"主体性"ですよね。各々が自分で考え、意見を出し合い、話し合う中で折り合いをつけながら、結論を導きだしていく。そのやりとりが、"楽しみ"を味わうためには欠かせないのでしょう。

　いっこうに意見がまとまらず、半ば「もうどれでもいいや」と思えてしまうほど、自分の思いを伝えきった時に、ふとこの場に参加することができない、もしかしたら、夏まつりにも参加できない年下の友だちのことを思い出し、その口惜しさや残念さに思いを馳せ、その子の思いを汲み入れずにはいられなくなったのでしょう。

　結論を急がず、一人ひとりが思いの全てを話し尽くせるよう、少し離れて見守る担任の姿勢があってこその、子どもたちの姿です。

　"主体性"って、"思いやりや優しさの芽"なのかもしれませんね。友だちの思いを我がこととして共有できるからこその優しさ・合意ですよね。言い換えれば、妥協案ですが、妥協するって、つまりは"折り合いをつける"ということですよね。

おしゃべりタイム

　子どもたちの思いやりややさしさを感じた話し合いの場面を思い出してみましょう。

「その時、誰からともなく自然に拍手が起きはじめ……」なんてことが幼児でもあるらしい。

事例 16 # 就学時健診って?

未知との遭遇

　誰よりも早く就学時健診を受けたくじら組（年長）さん。どんなことをするのか、気になってしょうがないみんな。そこで報告会を開くことに。「どうでしたか?」の質問に「楽しかった!」と。その報告にみんな「!」の表情。
Q「何したの?」
A「まちがえ探しとか健康診断」
Q「どんな子いた?」
A「幼稚園の子もいた」
Q「お化けとか出そうだった?」
A「いいえ」……などなど。
　どうやらみんな、何をするのか全く分からない不安から怖さを感じていたよう。無理からぬ心情ですよね。でも質問を重ねるうちに、少しずつ就学時健診のイメージがつかめてきて、怖いことはないらしいと感じられたよう。「廊下を走ったら怒られる?」なんていうちょっと笑える質問に、「多分まちがえて少しならだいじょうぶ」と答え、未知の不安からくる怖さを"なんだか楽しそう"の期待に変えてくれたのでした。

不安な気持ちを安心に変えてくれたのは、同じ不安を抱えていたからこそなのでしょうね。

　その後、順次報告会を行うくじら組。「はじめは緊張したけど楽しかった」「お姉さんが一緒だからぜんぜん怖くなかったよ」途中でお母さんと離れるって聞いてびっくりした」「先生とお話ししたってきいたけど、どんな話ししたの？」などなど、日を追うごとに発表の楽しさと、就学への期待が増していきます。

　たった一人で健診を受けに行く友だちにはお守りと称し、みんながメッセージを。もちろん報告会では「お守りがあったから大丈夫だった」と。最後に健診を受けた友だちの報告が終わると、誰からともなく自然と拍手が……。

　なんだろう……このあたたかさは。"同じ不安をみんなで解消した"という思いかな。　　　　　（田中康次郎）

> こういうアイデアもあるのですね。

肩寄せ合うことで、不安を期待に変える

　子どもの本当の気持ちがわかるのは、やはり子どもなのかもしれませんね。わかるからこそ、その不安を共有することで安心し、みんなで乗り越えるために前向きに、期待まで持とうとしているのでしょう。

　子どもたちにとって、保育園と小学校は別世界で、最初は想像もつかないのだと思います。だから、オバケが出るかもしれないほどの恐怖なのでしょうね。

　そんな恐怖や不安を払拭するためには、保幼小の連携が重要です。小学校訪問や運動会・学芸会などを見に行く機会を増やしていく必要があると思います。散歩で、入学する小学校を巡ってみたり、休み時間に校庭で遊んでいる卒園児とフェンス越しに話をしてみたりするのもいいですね。これらの交流をしていくことで、就学時健診を少しでもリラックスして受けることができるでしょう。子どもたちの不安を敏感に感じ取り、就学時健診を保育の中に取り入れ、子ども同士の情報交換をすることで不安を解消し、連帯感を持った集団の温かさを醸し出すことができました。

おしゃべりタイム

あなたの園では、保幼小の連携で具体的にどんな交流をしていますか？

くみちゃんってすごい!!

事例 ⑰

得意なことは、"センセイ"に

夏の野菜作りで枝豆をつくり、そのままにしていたの
で、それをきな粉にすることになった。みんなできな粉づ
くりについてそれぞれ調べてきたことを発表。必要な物は
大豆を妙ること。すり鉢、すりこ木棒を用意する。
保「すり鉢使ったことがある？」
子「ない」というので園にあるものを見せる。
くみ「私使ったことがある」
子「すごい！」
くみ「ウチにあるんだよ」
　みんなが感心している。
　じつは、くみは、4歳のときから友だちに意地悪と言わ
れてきたが、5歳になってもそのイメージはなかなか取れ
なかった。

きな粉作り
　節分の日、豆まきが終わった後に大豆づくり開始。
　大人とくみと使ったことがある人が見本となってやり始
めた。
子「くみちゃんすごい。上手」
くみ「何回ずつやりたい？」
子「10回」「20回」

友だちからの信頼が、くみ
ちゃんの自信をパワーアッ
プ！

わかり
やす〜い

やさしいね

くみ「はじめ20回ずつね。繰り返しやらないと、うまくならな
　　いよ」

子「そうなんだ」

くみ「お母さんも言っていたよ」

　くみが分からない子に手をとってあげながらやり始めた。

とものり「くみちゃん教えるのも上手だね」

あき「うん。楽しくなってきた」

他の子「むずかしいけど楽しい」

2日目

　　朝から、くみが中心にやっている。大人はほとんど呼んでくれ
なくなった。

しげき「くみちゃん、これでよかった？」

くみ「いいよ。うまい！　うまい！」

さや「くみちゃんって本当はやさしいんだね」

みく「くみちゃんってすりこ木の先生だね」

他の子「本当だね」

　そのうちほとんどの子がコツをつかみ始めてきたので、くみは
どうするのか見ていると、聞きに来た時に見ていたり、時々様子
を見に行っている。まるで保育者のような行動をしている。

　このことがきっかけになり、遊びのリーダーとなることも増え
ていった。

（藤田朋子）

> こんなクラスを目指したいな〜。

> この「本当は」に、くみちゃんの真（芯）を見ていることを感じるね。

誰もがリーダーになれる

　クラスで一緒に生活をしていると、それぞれに一人ひとりの友だちに対する印象を抱きます。多くの子が同じ子に同じ印象を抱くと、やがて『○○ちゃんは、こんな子』といった、クラスのメンバーとしての印象が定着しがちです。

　くみちゃんも、"意地悪な印象"から抜け出せなくなっていたのかもしれません。

　一方で子どもは、自分が得意なことや自信があることは、友だちにやってみせたくなります。教えるのも上手。するとすぐに「すご〜い！」が飛び交います。

　今日新たに発見した"友だちの良さ"を受け入れ、臆面もなく教わります。

　コツをつかみ始めた友だちへ必要のないお手伝いをしないのは、自分の力でできる喜びをくみちゃんが知っているから。友だちの喜びを奪いたくなかったのでしょう。

　好きなこと・得意なことをとことん楽しんでもらうことで、高めた技術を活かし、操作や作業・運動の"センセー"に。ため込んだ知識を活かし"ものしり博士"に。培った自信を活かし、集団遊びの"リーダー"になってもらうことで、「すご〜い！」にたくさん出会え、それぞれの友だちの違った"良さ"を認め合えるようなクラスにしたいものです。でも、誰がどんな活動で力を発揮できるかは分かりません。だからこそ、様々な活動を用意することが大事なのです。

　きっかけだけを作り、いつの間にか子どもたちのやりとりからフェードアウトしていく担任の姿勢もまた絶妙ですね。

遊びは手段？ 目的？
～面白さが遊びに誘う～

みなさんは子どもにとって遊びをどのようなものととらえていますか？ 私にはある遊びをめぐって、大失敗をした経験があります。

保育の失敗

保育者として働きだして4年目、初めて4歳児クラスを担任した時のことです。4月に遊びのひとつとして、身体づくりに効果があるという天狗下駄（竹ぽっくりのようにヒモを引っ張って乗る、一本歯の下駄）を取り入れました。遊びといっても、私には春のうちに全員がこの天狗下駄に乗れるようになって、夏以降の活動に自信をつけさせたいという思いがありました。これが失敗のもとでした。子どもたちは天狗下駄に見向きもせず別の遊びをしたり、関心をもってもすぐに飽きてしまうのでした。しかし、私は天狗下駄に乗れるようにさせたいと思っています。悩んだ末に散歩先の公園に天狗下駄を持っていき、遊具などで遊びだす前に取り組ませることをはじめました。けれど、自分の番が終わったら砂やアリをいじくる子どもたち……。「友だちを応援しよう」と声をかけても応援は続かず、すぐにやめてしまうのでした。

この時、私は天狗下駄を「身体づくりが目的」「みんなが自信をつけるための手段」ととらえてしまっていたのです。半ば強引に天狗下駄に取り組む時間は、誰にとっても楽しい時間とはいえませんでした。子どもたちにとって天狗下駄は「遊び」ではなく「やらなくてはならないもの」へと変わってしまっていました。しかし、幸運なことに私はこの年

に、ある民間の保育研究団体と出会います*。そこに参加するようになったことで、私自身の保育観の変化と共に、この天狗下駄実践は大きく変化をしていきました。

やらされる天狗下駄から楽しい天狗の世界へ

悩んでいた5月上旬のことです。この苦しい現状を研究会で報告しました。討議では「活動は子どもとつくるものであり、天狗下駄を使って楽しく遊ぶことが子どもを豊かにすること」「せっかく天狗下駄という面白い名前なんだから、活動に天狗がでてくるのはどう？」などと、保育に対する考え方や子どもと活動をつくる手立てをもらいました。それは目からウロコが落ちるような経験で、その討議後から天狗下駄が急に光り輝くものに見えてきたのです。

これまで保育をしてきた中で、本で見たり研修で聞いたりするような「心がワクワクする保育」は、自分とはどこか別の世界のものという感覚がありました。そして日々の保育では、周囲からの目を気にしながら「こういう遊びをして、こういう力を育てて……」と計画ばかりが先行していたように思います。しかし、子どもと共に保育をつくる手立てをもらい、私自身がワクワクし始めてからは、スッと肩の力が抜けました。そこからは、目の前の子どもとやりたいことが次つぎと降ってくるようでした。

翌日より、天狗下駄に乗ることを目標にするのではなく天狗の世界で楽しんでいこうと、ワクワクしながら天狗のことを調べてい

きました。子どもたちとも天狗の絵本を読んだり、散歩先でヤツデの葉を見つけたりしていきました。すると、子どもたちも「てんぐのはっぱがあるから、ここにもてんぐがいるんじゃない？」「こわい」「でも、てんぐはやさしいところもあるじゃん」「てをつないでいるからだいじょうぶ」などと、すっかり天狗の世界に入り込むようになってきたのです。天狗の住処を見つけたり、天狗に関連する遊びをつくりだしたりするようにもなりました。中には、神社の入り口で掃除をしているおじいさんに、「もしかして、おじいさんはてんぐですか？」と質問をする子まで出てきて、天狗が地域の人との交流まで生みはじめたのです。

　そうなってくると、あの天狗下駄で遊ぶ子どもの姿はぐっと増えていきました。雑木林の奥に天狗がいて下駄を履いて会いに行ける演出をすると、会った子たちは「ほんとにてんぐいた、てんぐげたにのれたからあえたんだよ」と大興奮で戻ってきます。戻ってくると保育者に言われなくとも「がんばれー！」と他の子を、聞いたこともないような大声で応援する姿がありました。

　活動が一区切りとなった後も、熱は冷めず「このげたさ、ほんもののてんぐみたいのにしたい」という声を受け、全員の下駄を電動ドリルで穴をあけ「鼻緒バージョン」に改良。さらに、天狗のかぶっている兜巾や天狗の服についている珠なども作ると、天狗レストランや天狗ファッションショーなどが開かれるようになり、天狗下駄を使っての遊びは発展を続けたのでした。

遊びは発達を促すための手段ではない

　私はこの実践を通して身を持って、遊びは発達を促すための手段として用いてはならないことを学びました。それは「天狗下駄を使って楽しく遊ぶことが子どもを豊かにする」ということを子どもと共に体験できたからです。当初の私のように、できるようになることや力をつけることが遊びの目的になると、子どもが決められた一本道の上を走らざるをえなくなります。すると、面白さの追求がその一本道の上でしかできなくなり、子どもから生まれる自由な発想は認められにくくなるのです。さらに、子どもたちにその一本道を走らせようとする保育者の表情や無意識にかけるプレッシャーは、遊びを「しなければならないもの」に変え、本来の楽しさを吸い取ってしまうでしょう。そのような状況下では、保育士は子どもが見えなくなり、声が聴こえなくなってしまいます。

面白さが遊びに誘う

　私はこの体験がなければ、今でも「この時期にはこのような遊びをさせて……」「このような力を育てたいから……」と保育の計画が先行し、遊びを手段として用いていたかもしれません。確かに、遊びを通して力が育つ、何かができるようになるという側面はあります。しかし、それは側面なのです。子どもはこの力を鍛えておきたいからなどと考えて、遊びに向かうのではありません。面白さに誘われて遊びに向かっていくのです。そして、その源泉には子ども自身が感じるワクワクやドキドキがあるのです。保育士がそのワクワクやドキドキを共に面白がることで、遊びはますます発展していくでしょう。

（上田隆也）

＊先輩からの誘いで「全国幼年教育研究協議会・集団づくり分科会」と出会いました。

遊びこそ学び？ 学びは遊びから？

よく、『遊びは学びの芽』・『遊びこそ学び』と言われますが、果たしてそうでしょうか。

初めから「遊ぼう」と思って遊んでいる子はいません。生まれて間もない子どもは身を守るために備わっている"反射"により行為しています。それは同時に、身体機能を高めることに繋がっています。やがて"心地よさ"を提供してくれる大人の感触や声を選別するようになると、その大人を求めて自ら働きかけるようになります。次第に心地よさを感じられる対象は、人全般へ、物や事象へと広がっていき、自ら心地よさを求める行為へと変化していきます。言い換えれば、"無意識・無心に動きまわる姿"から、（1部事例⑦　必殺！上目遣い）のように、自分を助けてくれる人、自分の要求に応えてくれそうな人を見つけ出し、働きかける"意図的な行為"へと変容していくのです。

さらに自分で移動ができるようになると、自ら"心地よいもの・こと"を求め"探索"するようになります。それでもなお、心地よいもの・こととの出逢いは偶発的であり、衝動的に"確かめる"行為にとどまります。幾度となく同じことをくり返し、そのもの・ことの特性を身体感覚によって取り込みながら、名称や表現の仕方を知らぬままに、「これはこういうもの・ことか」と自身の中に落としこんでいきます。

そんな子どもたちの好奇心（興味・関心）や、発見（驚き・喜び・不思議）を見て取り、摂り込み（いじる・試す・考える）を保障すること、言い換えれば"探索"（衝動的な・気楽な行動）を保障することが、遊びの中にひそむ学びの要素を獲得させるのです。

加えて、もの・ことの名称や表現を伝えていくことが、子どもを遊びに出逢わせるのです。なぜなら、名称や表現を得ることで気楽な行動は、お姉さんみたいにテーブルクロス引きを成功させたい（2部事例①　大きくなっていくばかり）といった、目的をもった行動に変容するからです。したいことは当然"好きなこと"であり"心を慰めること""楽しいこと"ですから、まさに"遊び"です。つまり子どもは、もの・ことの名称や表現を得ることでようやく「遊ぼう」と思って遊びだすのです。

では『遊びは学びの芽』・『遊びこそ学び』なのでしょうか。

学びもまた、初めから「学ぼう」と思って学んでいる子はいません。遊びに至るまでにくり返された、好奇心のままに探索し、発見し、摂り込む活動は、高さ30cmの段ボールをまたぎ越えようとする0歳児クラスの子（4部事例②　すご～い！やったね）のように、遊びの中でも綿々と続けられます。遊びの経験を積むに従い、"摂り込み"は身体感覚のみに留まらず、動きを身体に浸み込ませ"技術"として、心の揺れを感情と絡ませ"情操"として、理屈を思考に乗せて"知識"として獲得し、蓄積するようになります。

その知識、しかもその時々の社会が要望する知識の獲得ばかりが、学びと称されているように思えます。しかし、真似る・見習う・

教えを受けるためには、「やってみたい」・「面白そう」といった心の揺れと、実現するための操作や運動と、併せて、「どうすればできるのか」と考えることが不可欠です。つまり子どもは、"身体感覚"～"操作・運動"～"心の揺れ"～"意慾"～"思考"～"獲得・蓄積"という全ての行程の中で学んでいるのです。

　その技術・情操・知識を活用しようとする一つひとつの姿勢を「すごいね」・「すてき」・「そうだよね」と是認すること、加えて、（2部事例⑰　くみちゃんてすごい！！）のように、獲得・蓄積した技術・情操・知識を活用できる機会と場を設けることが、子どもを学びに出会わせるのです。なぜなら、結果的に獲得・蓄積してきた技術・情操・知識を是認され、活用できる機会と場を得ることで、「もっと上手に」・「もっとすてきに」・「もっと知りたい」と技術・情操・知識を獲得・蓄積すること自体を目的とするようになり、ようやく「学ぼう」と思って学びだすからです。

　"遊び"も"学び"も無自覚なままに始まり、やがて目的をもって自覚的・能動的に遊び・学ぶようになるという点では同じです。しかし目的が違います。自覚的な遊びは"楽しさ"を、自覚的な学びは"獲得"を目的としています。故に結果的な学び・無自覚な学びを"学びの芽"と称することには賛同できません。同様に、目的が違う行為を"遊びは学び"とイコールに捉えることにも賛同できません。なぜなら、子どもの心の在り様に関わらず結果に意味があるということになるからです。

"遊び"は遊びであり、"学び"は学びなのです。

　とはいえ、子どもが結果的に学び取ったものを（4部事例①　遊びの中で培われるものは）のように、保育者が見て取ることは、一人ひとりの育ちを支えるうえで極めて大事なこと、保育をするうえで欠かせないことです。同様に、自覚的に学びたくなる仕掛け・環境構成をすることもまた、極めて重要です。どんな研究者や科学者でも、そのテーマに"面白味"を感じているからこそ、極めようとしているはずですから。

　留意すべきは、"結果的な学び"・"無自覚な学び"に対し、評価をしないことです。なぜなら評価は、評価者の要望や判断が基準であり、その要望や判断に従うことを暗に強要することになるためです。何に面白味を感じ、どんな価値観を抱くかは、その子の自由です。自由を奪うことは、保育や教育の目的ではないはずですから。

　代わりに"大人としての感想"を伝えることで、"自信"や"他者に認められる喜び"に繋げていくことが肝心です。社会に繋がってこその"自由"ですから。

　社会に繋がることは"これからの社会を創造していく力"の源になるはずですから。

　保育において、"遊び"と"学び"の相違点を論ずることは、あまり意味のないことです。大事なのは、遊びながら無自覚に獲得した学びを言葉にして伝えることで、子どもに身につけた力を自覚してもらい、自信をつけてもらうことです。併せて、学ぶことを"面白がれる"創意工夫を保育園でも、学校でもしていくことだと思います。

（田中康次郎）

第 3 部

みんなで
子どもを育てる

保護者・保育者・社会
それぞれの役割と子どもへの責任

 ウレタン積み木乗り

ハラハラする遊びに向き合って

今までは正規職員、パート職員、新人職員の3人で子ども10人ほどの遅番の保育をしていた2歳児クラスですが、今日から新人だが正規職員である私とパート職員の2人体制で遅番の保育をすることになった。いずれはパート職員と2人きりで保育をすることになるとわかっていたが、いざそうなると正直不安が大きかった。

そんな中、子どもたちから「ウレタン積み木で遊んでもいい?」と聞かれた。子どもたちが遊びたいものならばと、「いいよ」と答えた。すると子どもたちはうれしそうに、部屋の壁際にきれいに積んであるウレタン積み木を豪快に崩していった。あっという間に積んであったウレタン積み木は崩れ、無造作に散らかった。本来は積み木を片付ける場所だったが、子どもたちは無造作に散らかったウレタン積み木の少し不安定でぐらついたところに乗っかってみたり、思うままに崩したりすることが面白いのか、非常に楽しんで遊んでいるように思えたので、「足を踏み外し、怪我をする危険があるかもしれない」と思いつつも、少し遊びを見守っていた。案の定、ゴンッという鈍い音がしたので見ると、よう君が不安定な積み木に乗っかっていて足

うんうん。
わかるわかる!!

子どもの要求に応えようと思ったんだよね。

100

を踏み外し、床に頭を打って泣いていた。大きな怪我が
あってからでは遅いと感じ、この遊びを続けていくことに
自信がなくなり、すぐにウレタン積み木を並べかえて一本
橋や新幹線を作った。普段から大人が作ったものをきっか
けに遊びだせる子が多いので、子どもたちは、一本橋を
渡ったり、新幹線に乗ってごっこ遊びをしたり、と各々自
由に遊び始めた。

　不安定なところで足を踏み外して、頭や顔を打って怪我
をする危険があるので、このような決断に至ったが、結果
的に子どもたちが楽しいと思って遊んでいた遊びを壊して
しまい、これでよかったのか……と悩みが残る。

（聞き書き・藤田朋子）

> 危険予測と遊びを切らずに軌道修正。この柔軟性大切だよね。

> 子どもの要求に応えようと思ってもそこには責任がともなうから葛藤する。

遊び方の制限は、保育者の力量と照らし合わせて

　子どもの大きな声や大きな物音がすると、保育者はすぐにその方向を見て確認します。それだけではなく、保育者が子どもたちの様子を見守っている時、緊張感が高まって何か起きそうな予感がすることがあります。それは、イライラしている子どもがいたり、子どもが寄り集まり過ぎたり、雰囲気がトゲトゲしく感じたりする時などです。そんな時保育者は、立ち位置をその近くに移動して視線をそらさないようにします。とにかく感じたらすぐ動くことです。なぜなら、危機の中にはトラブルだけでなくケガもあるからです。ケガをする危険があれば、防ぐことができる位置で、身構えている必要があります。その際、その子の力量を判断したうえで関わることが大切です。

　トラブルの危機であれば、"見ているよ"というメッセージを笑顔で送ったり、時には仲間に入ったりします。

　何かが起きるまで干渉しないほうがいいと言う意見もありますが、それは子どもたち一人ひとりの行動予測とタイミングの問題だと思います。また、保育者が声をかけたり行動したりする中身の問題です。

　たとえば、"どこまでOKにしようか？"というときに、新人でもベテランであっても、"この状況は危なっかしくて自分の力量では放っていられない"と感じたら、その感覚に従って行動するのがその人の"正解"になります。そして、それは人によって違っていいわけです。それが、経験を積む中でだんだん子どもの行動の見極めができるようになり、保育者の力量が上がっていくことで、自身の危険回避力が高まっていくようになるのだと思います。

おしゃべりタイム

危険を感じながら見守っている子どもの遊びは、どのようなものがありますか？
具体的な場面を出し合い、その対処法を話し合ってみましょう。

2歳児にとって排泄ってなーに？　自分の一部です……でも一緒にはいられないのです。
新人保育者の愉快な愉快な開眼経験。

 事例 ② # うんこばいばい
リアルな子どもの姿に出会って

保育者1年目に担当した2歳児クラスに、1月生まれで比較的ゆっくりのペースで物事を進めていくあゆみ君がいた。あゆみ君は、身支度も他の子より少しゆっくりで、他の子が一つひとつの動作を終わる頃にその動作をしようと動き始めるといった様子であった。

オムツを着用していたあゆみ君は、ズボン、オムツを脱ぎ始めようと思うところから少し時間がかかり、私は他の子の排泄の援助をしつつ、時折声をかけて見守っていた。

そんなある日、あゆみ君が「でーるでる！　でーるでる！」とズボンとオムツを自分から勢いよく脱ぎ、トイレに走り込み、便座に5分ほど座っていた。時折様子を見ていると、便器の中をじっと見つめ、「おしりからでたの？」「どこでできたの？」「なんでちゃいろいの？」「つぶつぶなーに？（内容物を触ろうとしながら）」「くちゃい？」と終始触ろうとしながら話しかけていた。

私がおなかの中でできたうんこだと伝え、あゆみ君が言った「くさい」という言葉を引き合いにして、触るのはやめようと話すと手を振り始めた。「何をしているの？」

> 状況を把握し、手を出しすぎず必要な援助をすることが大切。

> ここで急かされなかったことがこの後の発見につながるんだね。

バイバーイ!!

と聞くと「ばいばい」と言い、トイレで初めて出たうんこをまじまじと眺め、うれしそうにしていた。

　当時私は、一緒に組んでいたベテラン保育者から、排泄の係になる度に「全員ちゃんと行ったの？」と確認され、チェック漏れで、排泄に行っていない子が漏らしてしまった際の「あーあ」と言わんばかりのため息に圧力を感じ、確実に効率よく子どもをトイレに促すことに躍起になっていた。

> 無言の圧力……。これ、誰にでも経験あるんじゃないかな。

　そんな中、初めて自分でトイレに出せたうんこに愛着を感じ、別れを惜しむあゆみ君の姿に、当たり前に繰り返している生活の一場面一場面に、子どもにとって様々な初体験があり、そこにはとても大きな感動や驚きが詰まっているということに気づいた。また、その日からあゆみ君は以前よりほんの少しだけ自分から意欲的にトイレに行こうとする姿が増えてきた。自分でできた経験が何よりの喜びや自信につながること、そんな素敵な物語が日々の生活の中で生まれていること、その一つひとつがかけがえのない瞬間であるということに気づいた。　　　　　　（松丸隆哉）

> こうした気づきや振り返りで次の対応（明日の保育）が変わってきますね。

子どもに学ぶ経験を積み重ねる

　保育者は、保育を「子どもから学ぶ」とよく言います。

　子どもが言った言葉に気づかされたり、子どもの行動をよく見ることで理解できたりすることがたくさんあるからです。この敏感性は、新人もベテランも関係なく保育者の中に存在します。保育者が子どもに学ぶ瞬間とは、子どもの思いを分かち得た時なのだと思います。毎日の子どもとの生活の中で、"感情を織りなす"やりとりを鋭敏に行なうことで保育者のセンスが磨かれていきます。

　また保育者は、日々保育の手立てを試してみて、子どもの姿から結果を確認していくことを繰り返しています。しかし、日によって子どもによってその手立てがうまくいくとはかぎりません。

　保育の手立てに絶対的な正解はないのです。言い方を変えれば、保育の手立てに正解はたくさんあるのです。何度も経験したことを蓄積することによって、保育者の引き出しが増え余裕が生まれ、知恵や技量になるのです。そういう意味では"保育は経験労働"であり、経験知が不可欠なのです。

　つまり保育者は、1年目は1年目として、10年目は10年目としての保育の積み重ねを、専門職として発揮しプロの自覚を持って成長することが必要なのだと思います。

おしゃべりタイム

保育の営みの中で、子どもがよくやる行動はありますか？
その行動の中に、子どもを深く理解できるヒントがあるかもしれませんね。

保育歴7年目。毎日自分用の日記をつけていた1年目を振り返っています。失敗だらけ悩みだらけのようでいて、1年目だからこそできる保育（プロ性）があるのかもしれないと教えてくれます。

覚悟を決めて、30分

保育者1年目の戸惑いと喜び

様々なことに悩みながらも、子どもと向き合おうとしていた保育者1年目。1日の生活をつくっていく中で私はお手上げ状態なのに、他の先生が声をかけると、いとも簡単に（？）子どもが気持ちを切り替えて生活がすんでいくということが多々ありました。

この年に私のことを最も悩ませてくれたのが、ゆりちゃんでした。7月頃より何かあると彼女は私の方にばっちりと視線を向けて、園中に響き渡るような大声で泣き続けるようになったのです。そして、泣き始めると「イヤだ」「ママがいい」しか言わなくなるのです。その様子が、当時の記録には以下のように綴られていました。

9／17 遅番でクラスに入る。食事がスタートしようとしていた。他児と食べようとすると、すぐにゆりちゃんが「おとなりにきて」と泣き始める。結果、彼女の隣で食べる

ことになる。それなのに、ゆりちゃんは食事後にそっと席を離れて、一人でこちらを見て泣き始める。そして、大泣きになる。近づくと「バカ」「ママがいい」の繰り返し。他の担任に話を聞いてもらうと「食事中にお友だちと足がぶつかったのがイヤだった」と言っていた。だが、その後に私が再び理由を聞くと「ママがいい」しか言わない。

このような日が続きました。彼女の泣き声を聞くたびに、胸が高鳴ったことを覚えています。当時を振り返りながら、今の私ならどうするだろう、この状態に入る前に笑い合えるかな、彼女の本当の願いに気付けるかな、たくさん触れ合って遊んで、いい関係がつくれるかな……様々な思いが巡ります。

しかし、試行錯誤の日々の中で、この年の私とゆりちゃんの関係にも転機となる日があったようです。その日の記録からは、当時の私の興奮が手に取るようにわかりました。

12／19　そろっている班から給食を取りに来るように声をかけると、ゆりちゃんが机を叩いて大泣きになる。抱っこして話を聞くと、給食を取りに行くのが一番がよかったとのこと。その気持ちを受け止めて、でも他の班がそろっていたことを伝え、一緒に取りに行こうと伝えると「イヤだ」と泣き続ける。一度はみんなの箸を配る役をお願いすることで気持ちを切り替えたが、また配り終えると泣き始める。様子を見て5分。その後も話を聞くが、なぜ泣いていたのかも聞けない。「イヤだ」と泣き続ける。他の担任に対応を変わってもらう。午睡中に担任に相談。ゆりちゃんへの対応を話し合う。「自分でも気持ちを切り替えられるように泣ききって、涙終わったら話きくよ、と対応をしてみてはどうだろうか？」「覚悟を決めて、泣かないように、泣かないようにと、綱渡りのかかわりはしないようにしよう」と話し合った。

　その日の記録は続きます。

　するとその日の午睡明け、いきなり私をめがけて鳴り響く、ゆりちゃんの泣き声。「それでは、行ってきます」と他の担任に伝え、覚悟を決めて彼女を連れて部屋の外に出る。そして、彼女に伝えた。「どうした？　なにかイヤなことがあったんだね」「教えてよ。泣き終わるまで横で待ってるから」すると、30分で涙は止まる。そして彼女は「はなせる」とポツリと言ったのだ。理由は「起きた時に上田先生がいなかったのがさみしかった」だそうだ。もう私は大喜び。「言えたね！」「涙とまったね！」「やったね！」その私の喜びを見て、ゆりちゃんも「えへへ。いえた」と言っていた。

　記録を読み返し、さらっと30分と書いてあったことに驚きながら、私との関わりに付き合ってくれたゆりちゃん、そして待ち続けてくれた担任の先生方に対して感謝の気持ちでいっぱいになりました。記録ではこの日を境に、ゆりちゃんと笑い合えたという記録が少しずつですが増えていっていました。

　今回振り返った1年目の記録。今改めて読み返すと、子どもと私とのズレ加減に笑ってしまいます。「同じ言葉をかけているのに」「同じようにしたいと思っているのに……」、そう思えば思うほど、かかわりは空回りしていくもので。それが悔しくて、むなしくて。もっと頑張ろうと思えば思うほど、「子どもたちをどうにか動かそう」として、さらに子どもの気持ちや願いとのズレが大きくなって

30分!?　ここを任せてクラスを見てくれた他の担任の器の大きさ、園の風土があってのこと。この園ならもしかして1時間でも？

一生懸命向き合う姿があったからこそ心を開いてくれたんだね。

105

いっていました。

　私とゆりちゃんが迎えた「転機の日」は、そのような私にとって大きなターニングポイントでした。温かい担任同士の関係の中で、本気で子どもと向き合うことを、身をもって経験させていただいたと、ありがたく思います。そして、ゆりちゃんと「わかりあえる」と感じられたことは、私にとってとても大きなものでした。また、このことを通してゆりちゃんとだけでなく、担任の先生方とのつながりもより強くなった気がします。

　まだまだ始まったばかりの私の保育者人生。これからも初心を忘れずに、目の前のことに全力でぶつかり、綴り、学び続けていきたいと思います。　　　　　（上田隆也）

> 決めつけたり諦めたりすることなく、あーだ、こーだといろいろ考える。ベテランになっても持ち続けていたいな〜

保育者の成長を木に例えると

　保育者として新人の頃は、直面する現実に戸惑い悩みながら、その中でうまくいった実践にこの上ない達成感ややりがいを感じるものです。

　保育者を木に例えると、保育の経験は"年輪"となり少しずつ太くたくましくなっていくのだと思います。保育者1年目は、年輪の真ん中の芯の部分。戸惑いや迷い、不安、悩みと、喜びや楽しさ、おもしろさの感情が混ざり合って揺るがぬ濃い芯となるのでしょう。

　自分がなぜ保育を志したのかを思い返すと、「子どもが好きだから」「子どもと関わるのが好きだから」など、それぞれの思いがあるでしょう。"初心忘るべからず"。その初心は、種子でしょうか。そこから、芽が出て少しずつ伸びていく。その時を過ごしている新人保育者を温かく見守り、育てることは重要です。陽を照らし空気を満たし水をやり肥えた土で支えていくのは、先輩保育者や園長の役割です。水や養分を吸い上げるためにしっかりした根を張るには、「子どもとは？」「保育とは？」を追求するための学びや対話といった"風雪の刺激"も必要でしょう。芽が伸びて開いた若葉で呼吸するのも、新人保育者自身です。

　事例の筆者は、その環境に恵まれ、自身も保育ノートに綴りながら保育を振り返っていましたが、現在の保育園の多くはそんな状況にはないと思われます。毎日の忙しさに流されてしまいがちです。しかし、"子どものために・子どもとともに"の初心を忘れずに、仲間と語り合い、読書や研修など外の空気を吸うことで、これからもたくましく成長していくことでしょう。

　様々な困難ややりがいを感じる喜びを、子どもたちとともに日々繰り返すことで、太い年輪が刻まれていくことと思います。

おしゃべりタイム

新人ならではの良さは、何だと思いますか？

写真家がとらえた保育の中の子どもたち

事例 **4**

ママがいい!!

一人ひとりに安心と楽しさを

4月に入園したかに組2歳児さん。なかなか慣れず号泣する日々が続きます。仕方ないですよね。それまでずっとお母さん・お父さんと過ごしていたのですから。それなのに突然、知らない場所に連れて行かれ、知らない人に託され、置いて行かれてしまう日々が続いているのですから。担任は、自分とママを引き離す人。保育室は、ママが自分を置いて行く場所。だから担任の顔を見るだけで、保育園に近づくだけで、泣かずにはいられないのです。やっぱり仕方のないこと……。

そんな子どもの思いを抱きとめ、なんとか慣れてもらおうと奮闘する担任。一生懸命になればなるほど拒絶されるばかり……。ご飯を食べないどころか、お茶さえも飲まず。お昼寝なんて、とんでもない!　このままでは身体がもたないと思い、「おいで」と手を差しのべるととび込んできました。そのまま事務所で過ごすことに。しばらくすると抱っこから降りて遊びだし、ご飯も2～3口食べ、お昼寝もちょっとだけどできました。そんな子どもの姿を見て、「泣かずに過ごせるのなら」と翌日から、その子を事務所に託す担任。子どもが安心して、楽しく過ごせること

遊び始めるのも自分が決める!

こういう場所のある子どもたちって幸せだね。そして保育者もね。

を最優先とし、その子が選んだ場所で、選んだ人と一緒に過ごしてもらうことにしたのです。

　できそうでできないこと。担任としての責任感がありますから……。

　日ごとに笑顔が増え、食べられる量も、お昼寝の時間も、クラスで遊ぶ時間も……。だって大好きな体操を朝から30分も一緒にやってくれるんですから。もうじきクラスに帰って行っちゃうんだろうなあ。　　　　（田中康次郎）

> 子どもが決める。子どもを尊重する。自分で選べて認められる職員の関係性もステキ。

事務所だって保育の場

　事務所だって保育園です。園長や副園長が、事務所も保育室と考え、いつでも子どもが入りやすいように受け入れ態勢ができていると素敵ですよね。「子ども一人ひとりを全職員で見ていこう」と言ったりしますが、実情はクラスの子どもだけで手一杯で、余裕がないのが現状です。そんな時、「事務所にいていいよ」と言ってくれると、担任の意識にゆとりが生まれます。"皆で保育する"を真に実践する保育園であってほしいですね。

　事務所も居心地のいい所として子どもの選択肢に入っている保育園は素晴らしいと思います。それを認める担任も園長も、子どもの主体性と選択権を尊重しているのだと思います。

　それにしても、この事例の担任は、勇気がありますよね。

おしゃべりタイム

あなたの保育園の事務所は、子どもたちが入って遊ぶことができますか？

109

保育原理に「オールフリー」を求めたい園長のつぶやき。子どもは園内のどこにいてもいいんじゃないか。

事例 **5** # どこでも遊べるように

"ここは保育園"だから

朝から雨降りの日。何をしようかな……と、部屋を歩きまわる3歳児さんたち。担任がテラスに出ると何かいいことがあるのかな……という顔をして、7〜8人の子がついてきます。「センセー何するの?」と聞くので、「何したい?」と聞き返すと、「ブロックした〜い!」という子が。「そう」とテラスにゴザを敷き、ブロックを出してみた。すると「ええ〜テラスでブロックしていいの?」と言う子が。「しちゃダメなの?」「雨だし、いろいろな所で遊んでいいんじゃない」「いけないんならやめる?」と尋ねる担任。するとすぐさま「いいんだよー!」「いいに決まっているじゃん!」と、遊び始める子どもたち。片づけられてなるものかと思ったのでしょうね。

このやりとり、思わずクスッと笑っちゃう。

子どもたちからの声を上手にかわしながら、言外に、クラスの保育室以外では遊んではいけないと伝えてきたのだなと気づく担任。ここは保育園なのに。危険なこともなく、誰に迷惑をかけることがなくても、知らずしらずのうちに子どもたちをクラスに縛りつけていたみたい。そんなことが窮屈に感じられ、泣いたりスネたり、友だちの遊び

子どもの言葉から気づかされることって多いですね。

110

を邪魔したり、乱暴する子もいたのかな？　と振り返ります。

　ならば「テラスだって廊下だって、他のクラスだって事務所だって、安心して自由に遊べる場にしよう」と。そこで積極的に「すみませ～ん、ここで遊ばせてもらっていいですか？」と、他クラスや事務所にお願いしたり、テラスや廊下で遊べる工夫をすることに……。だってここは保育園。子どもたちが遊びにくる場ですから。　（田中康次郎）

> 全職員でみる、園全体でみるって言うけれど、その言葉が実を伴っていないことが案外多いかもしれませんね。

カベをとりはらって自由な保育を

　食寝遊の分離もできない日本の保育園は、雨が降ると大変です。

　そこで10時間前後も過ごす子どもたちにとって、どのように気分転換を図りながら生活し遊ぶのか大問題です。巧技台や体育用具を設置したり、描画や制作などの表現活動を設定したり、リズム遊びやわらべうた遊びなどのみんなで楽しむ遊びを展開したり……。

　普段はしまってある遊具を、テラスや廊下、玄関フロアに出してみたりもしています。

　「園内散歩（探検）に行こう！」と言って、園舎内のあちこちを探索してみたりもします。

　こんな時のためにも、日頃から自分のクラスを開放し、他クラスとの交流を図っておく必要があります。「ちょっとお邪魔していい？」と気軽に声をかけられる関係をつくっておくことが大事です。

　他クラスの子どもが遊びに来ても、それをおもしろがり、いつでも受け入れることができるゆとりがあるといいですね。

　保育室の入り口に、カギをかけているところもあります。安全面を考えると必要なのかもしれませんが、子どもたちが落ち着いてきたらカギをかけなくてもいいのではないでしょうか。それにも増して、保育者の思考にカギをかけることなく、保育を開放し子どもたちを全職員で見守っていきたいですね。ドアも窓も開放したほうが、風通しもよくなりますよね。

おしゃべりタイム

　みなさんの所では、子どもが他のクラスに遊びに行くことを許容していますか？
　また、そうしたときにどんな対応をしていますか？

事例 **6** # えっ!それって

映し出される大人模様

　お絵描きのコーナーで、花はじきを入れたままごとの弁当箱を振り、カタカタと鳴らして遊んでいた二人ののはら組（3歳）さん。その姿を見た非常勤職員が、「ままごとはここじゃないよ」「あっちでやってね」と声をかけてくれる。しかし二人とも、非常勤職員をチラリと見やり、フッと鼻で笑った。その後何度声をかけられても、知らん顔をきめて遊び続ける二人。見かねて担任が傍に行くと、あわてて手を止める。

　「今なんて言われたの?」「耳が聞こえないのかな?」と聞くと、一人が「きこえるの〜!」と泣きだす。もう一人もばつが悪そうにうつ向きます。「どの先生も同じことを言うよ」「聞えないふりをしてはいけないよ」と注意して、ままごととコーナーで遊んでもらうことに……。

　なんだか腹立たしかった。ままごとの玩具を持ちだし、わざわざ別のコーナーで遊ぶ行為に対してもだが、それ以上に、二人の子は非常勤職員と担任とを格付けしており、明らかに非常勤職員を見下している態度に思えたからだ。人を差別する人間になってほしくない。なのに注意を無視

ここに
注目!

保育者―子ども関係で考える
前に、一人の人間として大事
な感覚かな〜。

あっちで
やってねー

し続けられるうえに、鼻で嘲笑うなんて……。まるで「どうせ担任がいる前では本気で叱れないから、知らん顔していれば大丈夫！」といった態度。

　……えっ？　それってもしかして自分たちがそうさせてる⁈　掃除や片づけばかりをお願いしてる？　子どもたちのやりとりをお任せしきれていない？　気づかぬうちにどこか上から目線になっている？　子どもたちは大人の鏡。子どもたちを注意する以前に、自分の言動を振り返らなくては……。　　　　　　　　　　　　　　　　　（田中康次郎）

> 子どもの問題にしがちだけど、子どもは大人の鏡ですから。

非常勤職員とともに保育をつくる

　現在保育園では、多くの非常勤職員が保育を支えています。保育体制を考えるときに、そんな非常勤職員を、「○○さんをうちのクラスに"貸して"」と言ったりします。非常勤職員は、物ではありません！　「入ってもらいたい」と言うべきですよね。正規の職員が非常勤職員に関わるときに、そのような上下意識が知らず知らずのうちに出てしまっているのではないでしょうか。

　朝夕の保育で、いつも顔なじみの非常勤職員などには、子どもが本音でグチを言ったり、"止まり木"のようなホッとできる存在になったりしています。あるときは保育を補佐し、またある時は掃除など環境整備をし、縦横無尽に動いてくれている非常勤職員に感謝し、対等に関わる意識を常に持っている必要があると思います。ときには、非常勤職員の目線で気づいたことを指摘してくれることもあります。その時は、その意見を謙虚に受け止め、検討していく姿勢が大事です。

　非常勤職員も同僚として、ともに保育をつくっていく仲間です。

　正規の職員と非常勤職員の意識は、保育室の中で"背景意識"として現存しています。その同じ場所で生活している子どもは、敏感に保育者の意識や感情を感じとっています。つまり、大人たちの人間模様が子どもたちの姿に映し出されていくのです。そうしたことを常に自覚していきたいですね。

おしゃべりタイム

　あなたの所で正規職員と非常勤職員との間にカベは感じせんか？　連携の仕方も出し合ってみましょう。

事例 **7**

また、かみつきを止められなかった

大きくなっているからだよね

　「園長先生、すみません」と、子どもを連れてくる1歳児クラスの担任。その腕には痛々しい歯形が……。

　11月現在、30数件の噛みつき・ひっかきが続く今年の1歳児クラス。誰よりもいたたまれない思いをしているのはクラスの担任。どうにか防ごうと日々、登園してきた時の表情や、友だちとの相性、場の状況などを見てとり、個別に対応したり、距離を保つために間に入ったり、密集しないように工夫したりとできることは全て行なってきているのに……。「あぁ、今日もまた止められなかった……」という落胆の声が聞えてきます。なに一つ痛い思いをしていない私（園長）に、謝る必要などないのに。"己のいたらなさ"と感じるのでしょう。その心意気に「仕方ないよね」と返します。ほぼ全員が噛む経験も、噛まれる経験も……。

　それでも保護者からのクレームは皆無。それどころかねぎらいの言葉まで。そのつど、ありのままに事実を伝え、丁寧に"いたらなさ"を伝えてきたからこそでしょう。だからこそ、その寛容さに甘えるわけにはいきません。一人

ここに注目！

こういった日頃の行動の積み重ねが、信頼を育んでいくんだね。

ひとりが自己主張をし、友だちと一緒に遊びたがり、欲しい物を"ほしい"と訴え、嫌なことは"イヤ"と主張し……と、まっとうな１歳児クラスの子どもたちの姿を現しているのですから。

　そのことをしっかり自覚している担任たち。だから監視をせずに見守り続けます。なので子どもたちは穏やか。でも、故に防ぎきれないことも……。あとは、"子どもの行動の予測の精度"と、怪我を防ぐための"ポジショニングの精度"を高め、"遊びに集中できる環境作り"をするだけと心に秘める担任たち。　　　　　（田中康次郎）

> 監視でなく、見守り！　保育者の心持ちによって変わってくるよね。

目指すは「雨降って地固まる」の関係

　特に１歳児クラスの保育で問題になるのは、"かみつき・ひっかき"。

　"かみつき・ひっかき"が起きたときは、まず、担任同士でその時の状況や子どもの思いをしっかりと把握し分析することが大切です。

　また、"かみつき・ひっかき"をされた子と、した方の子の対処法は、事前に担任間で確認しておく必要があります。

　保護者への伝え方は、園全体で基本方針を決めておくことも必要です。

　"かみつき"も"ひっかき"も、子どもたちが、"自分一人の世界"では飽き足らなくなり、友だちとの関わりを求めるようになったからこその行為です。そのため最も肝心なのは、これらの行為を成長の姿と受け止め、友だちを求める気持ちを見守る姿勢です。このような見方を保護者にも理解してもらい、保育していきたいですね。

　しかし、現実として、保護者が理解してくれるとはかぎりません。とくに、二度三度と同じことが続くと、保護者に理解を求めるのは至難の業です。同じことを繰り返さないために、保育の課題として見直しが必要になります。そのうえで、保護者に誠意をもって謝罪し解決の方向性を説明することで、今後の保育への理解を得ることが出来るのだと思います。

　"かみつき・ひっかき"をさせないための監視のような保育をはじめたら、子どもは友だちを嫌いになってしまいますからね。

おしゃべりタイム

　かみつきがあったとき、双方の保護者への伝え方はどうしていますか？　園としての方針はありますか？

115

事例 ⑧ おんなじ笑顔で
完璧な親なんていません

　両親ともに聴覚障害をもつご家庭の子が、入園しました。入園してから一週間後、連絡帳にはご夫婦の数々の試練が綴られていました。宝物である我が子を、泣かせたまま引き渡す不欄さ・やるせなさ。保健所から言われた、『聞こえない夫婦に育てられる、聞こえる子どもへのコミュニケーションを習得する環境の必要性』。つまり家庭だけでは、子育ては難しい！　ということ。言わんとすることは理解できる。けれど、ほぼ自分たちに対するダメ出し。共働きの友だちからは、「家庭で子育てできるのに」と……。（わかってるよ、そんなこと！……そうしたいよ！でもね……だめなんだって……）言葉にはならない。

　誰にでも、どの家庭にも、他者にはわからない、理解してはもらえない事情があります。そのために、悪気のない、でも心無い言葉をかけられ、辛い思いをさせられることがあります。ただ、普通の生活を望み、精一杯、一生懸命に生きているだけなのに。たくさんの辛い思いをさせられる人がいます。

　一生懸命生きている人に、辛い思いをさせ続けてはいけ

人によって違う“それぞれの必要”が満たされてこそ平等な社会と言えるのだと思う。

ません。ご夫婦には"一人で子育てできる人"なんていないこと、"両親だけで子育てできる家庭"なんてないことを伝えていく保育園であろうと思います。子育ては多くの人の手を借りてこそできることだし、大変さが喜びに変わることを実感してほしい。その手の一つとして保育園を利用してほしい。そしてだから一人で、家族だけでがんばらない、がんばってはいけないことを。成長していく姿を一緒に見守らせてもらえる感謝を。いつか子どもを真ん中に、保護者と保育者が同じ笑顔を交わし合えることを願って。
（田中康次郎）

> だれもが「助けて」を言える保育園・社会でありたいですね。

保護者に"ないものねだり"をしない

「一人で子育てできる人なんていない」「両親だけで子育てできる家庭なんてない」と、伝えていく保育園でありたいと思います。

子育ては、多くの人の手を借りてこそできること。その手の一つとして、保育園を利用してほしいです。そして、"一人で""家族だけで"がんばり過ぎないでほしいですね。

今日の親は、孤立した子育てを強いられ悩み苦しんでいます。スマホの情報に振り回されて悩みが増幅したり、ときには的外れな子育てをしてしまうこともあります。

それでも精いっぱい一生懸命やっているのです。どんな保護者にも先入観を持たず、入園したら子育てを手助けし、子育ちを共に見守っていける関係を目標にしたいものです。

また、保育している中で、「がんばっていない親」「関心が薄い親」とみられる保護者がいます。しかし、そんな保護者でも、細かな言動を見ていくと、理解できることが多々あります。

たとえば、保育園に関心がなく、何を伝えても聞き流されていると思われていた保護者が、送迎の際に近寄ってきた他の子どもにやさしく声をかけている姿を見て、見直すことがあります。できていないことばかり要求しても反目するだけです。できていることを言葉にして評価したり、子どもの成長点を具体的に伝え、喜び合うことを繰り返していくことが大切です。

「子どもを100%理解できる大人はいない」とよく言いますが、大人同士も理解し合うことは至難の業です。

「がんばれ！」と強要はしませんが、「がんばってるね」と認め励ます言葉は使っていいと思います。大人だって認められたいものです。

おしゃべりタイム

保護者の気になる言動を出し合ってみましょう。見方によって、思い過ごしだったりすることもあります。保護者に寄り添い、承認することから始めてみましょう。

働く母親にとって、朝はもちろん、夕方のお迎えも毎日が瀬戸際の連続。ベテラン保育者が思い出す「まさか」の話。

「えっ、まさか!」のお母さん

昔も、今も……

　保育園が終了する時間を超えても、お迎えに来ない保護者がいると、ついイライラしてしまいます。そんな時に、いつも思い出す出来事があります。

　それは、今から30年以上も前の8月の土曜日の午後のことでした。急に夕立が降ってきたので、子どもを膝にのせて、保育室から一緒に雨を眺めていました。「すごい雨だね」「これじゃ、お母さんお迎えに来れないね」「お母さん、どこかで雨宿りしてるかな」「のんびり待つしかないねえ」と、私が途切れとぎれに話しかけるのを、あぐらの中の子どもは、うわの空で相づちを打ちながら、ボーっと激しい雨を見つめていました。そんな時、ずぶ濡れになったその子のお母さんが、自転車を飛ばして駆け込んできたのです。

ありがとう！　おかあさん。我が子のことだけでなく、園のことも気にしてくださったのでしょう。

　「えっ、まさか！」と思ったのと同時に、私と子どもは、跳ねるように立ち上がりました。子どもは、濡れているのもおかまいなく、「お母さん！」と言って、抱きつこうとします。私は、「お母さん、大丈夫？　こんなに無理しなくてよかったのに」と言いながら、タオルを探そうと右往左往。まもなく、夕立がやむのを待って笑いながら帰って

118

いく親子を見て、「お母さんって、すごいなあ」と身に染みた出来事でした。

　それから30数年、同じような出来事に出会いました。

　昨年の夏のこと、延長保育の終わり際、ゲリラ豪雨に襲われました。近くに雷が落ち、激しい風雨にひょうも混じって、あっという間に園庭は、池のようになっていました。停電も起こるのではないかと心配しながら、保護者のお迎えは当分無理とあきらめていました。玄関のガラスに、地面にたたきつけられたひょうがバウンドしてバチバチと当たるのを眺めていた時、タクシーで駆け付けたお母さんが飛び込んできたのです。「えっ、まさか！」。車の走行も危ういくらいの状況だったので、信じられない思いでした。私は、「お母さん、すごい！　怖かったでしょう」とねぎらいながら、手をつなぐ親子の満足感を、共に感じていました。ゲリラ豪雨が収まるのをその親子と私とパート保育者の５人で、30分以上待ちながらおしゃべりしている時間は、実に温かく心地よいものでした。　　　　　　　（矢吹秀徳）

> こんなお母さんの姿に接すると、保育園もがんばらなければ、という気持ちになりますね。

みんな、我が子が可愛い！　大事‼

　30年越しで同じような「えっ！　まさか」の体験。保護者は昔も今も、がんばっているのですね。でもあらゆる面で子育て環境が悪くなってきている今のほうが、保護者の大変さはだんぜん増しています。その分保育園の「子育て支援機能の充実」が社会から求められてきているのだと思います。

　保護者との関わりを考えるときに、最近はよく「保護者対応」と言ったりします。「保護者対応」という言葉には、"リスクマネジメント的"な意味合いが感じられたり、援助・支援をする人・される人という上下関係を感じてしまうのは、私だけでしょうか？

　たしかに現在の保護者の中には、自分の言い分だけを過剰に主張しすぎる人もいます。しかし、その保護者がそうするには普通何らかの原因があります。仕事が忙しすぎて余裕がない、子育てがうまくいかない、心身の調子が良くない、などなど。そうした事情に思いを巡らせることができれば、その保護者を丸ごと受け止めて、ゆとりを持って関わることが出来るようになれます。そうすると、保護者にやさしくなれますし、同時に許せることが多くなります。

　そう思えるには、この事例のような忘れられない経験による保護者への根底での信頼体験が必要なのかもしれません。対立でも上下関係でもなく、子どもの育ちを見守り支えていく対等な大人として、保護者と保育者が連帯感を育んでいくことは、私たちの大事な方向目標なのだと思います。

おしゃべりタイム

保護者といい関係をつくるためにはどうしたらいいと思いますか？
保護者にやさしくなれる秘訣を出し合ってみましょう。

漫画みたいにスゴイお母さんの強烈愛。爆発ぶりが冒頭から始まります。そのお母さんが……
3歳から入学までの話です。

事例⑩ # ヒーローになった日

保育の醍醐味

　3歳児クラスに4月から入園してきたひで君。登園初日の朝、「誰なの?　うちの子の場所にリュックをかけてるのは!」。大きな声が部屋に響き渡った。お母さんがひで君のリュックをロッカーに掛けようとしたところ、ゆたか君のリュックが掛かっていたのである。そしてその瞬間、お母さんはゆたか君のリュックをバン!　とテーブルに投げつけた。子どもたちの遊びの手が止まり、みんなの目が投げつけられたリュックを見ている。私はひで君に「困っちゃったよね。ひで君の場所がわからなくなっちゃうよね。ごめんねー」と声をかけた。お母さんは「いいんですよ。間違ってかけてる子が悪いんですから」とおっしゃり、「ひでー、行ってくるねー」とひで君を抱きしめ仕事に向かわれた。私は「ひで君のママ、大切なひで君が困っちゃうと思って怒っちゃったのかなあ?　それともお母さんも初めての保育園でドキドキ

してたのかなあ?」と言いながらゆたか君のリュックを正しい位置に戻した。

　一週間後、ひで君がお母さんと一緒に朝の支度をしていると、戦隊モノになりきってポーズをとっていたゆたか君が接触しひで君がよろけた。驚いたお母さんは「なにすんのよ!何て乱暴な子なの!」とゆたか君に怒り、急いでいるとのことでそのまま仕事に向かわれた。

　ゆたか君は発達がゆっくりで園と保護者と支援センターとで発達に合わせて丁寧に見ていくことを共有している。他の子に比べ背はちっちゃいが、いつも元気で明るくチャレンジ精神旺盛な子である。しかし、加減がわからず暴走してしまうことがある。

　ひで君はおとなしく何事もゆっくり慎重に行うタイプである。入園当初は食事も肉は噛めず、野菜は苦手で、口に運ぶスピードも

なにすんのよ!

ゆっくりで、みんなが終わる頃になっても三分の一も食べられていない状態だった。トイレに行っても戻ってくるのは最後。着替えも最初はズボンをはくのにもかなり時間がかかっていた。ボーッとしていることが多く、心配して声をかけることもあった。お母さんはひで君のゆっくりさが待ちきれず、しばしば手を貸してあげているようだった。

6月。「先生！　ひで君のお母さんが！」と他のクラスの保育者があわてて呼びに来た。視線の先を見ると泣いているたかし君を数人が囲み、お迎えに来たひで君のお母さんがその後ろに立っていた。「何かありましたか？」と近くに行くと「先生、聞いてくださいよ。この子（たかし君）うちの子のこと、はたいたんですよ！　何すんの！　と怒ったら泣き出して。泣くのはうちの子でしょ！」

「そうだったんですね」と言い、ゆっくりと、たかし君、ひで君、見ていたあきお君としげ君にその時の様子を聞く。脱皮しかけている珍しいダンゴムシを、そっとてのひらに置いて三人で見ていたところに「みせてー」とやってきたひで君が手に当たりダンゴムシが落ちてしまった。それで「やめろー」とひで君を押してしまったとのこと。お母さんはそれを聞かれていたものの「ひで！　帰るよ！」とひで君の手を引き帰って行かれた。

11月。ゆたか君の投げた石がひで君のおでこをかすり赤くなる。お迎え時状況を伝える。保育中に起きてしまったこと、痛い思いをさせてしまったことをお詫びする。ゆたか君のお母さんにも伝えてあったため、ゆたか君のお迎えの帰り道、偶然コンビニでひで君親子を見かけたので入ってお詫びをしたが「どんな教育をされてるんですか！」と言われてしまったことを翌朝伺う。ゆたか君のお母さんは私を気遣ってくださり、「先生、いいんですよ。石を投げて当たったのは事実ですし、逆だったら私も腹を立てているかもしれないし。それに、ひで君のことがすごくかわいくて大事なんですよ」と言ってくださる。

　ひで君のお母さんからは園に対しても、様々な意見や要望があった為、園長と相談し出来ることは改善していった。
　お母さんをどう変えようというよりも、ひで君に対して、給食は楽しく美味しく食べることを優先。苦手と言えたら成長。食べられる量を自分で把握できるようになったらまた成長と、お母さんに私の喜びを伝えていった。

　得意なことを見つけそこから遊びを拡げていき、ひで君自身から楽しかった報告がお母さんに伝えることが増えるようにしていく。他の子に比べ何倍も時間はかかるが、はさみの切り方、糊のつけ方が人一倍丁寧で、友だちのをじっくり観察してからよく考えて行う

ここに注目！

ひで君の長所や成長をていねいに伝えていくことがお母さんにとっても一番大事。

ため、間違うことがほとんどないと、私の発見も伝える。偏食や手先を使った遊びの自信のなさについては、お母さんのする料理をよく見ていると伺ったので、家庭では料理のお手伝いを提案した。

　4歳児に進級して6月のこと。散歩で行った公園の川でザリガニを見つける。捕まえたいがのぞき込むと落ちそうで怖い。今度釣竿を作って持ってこようと提案し、その日はあきらめて帰る。次の週、今日こそはと朝から広告紙で竿を作りタコ糸をつけ、糸の先にクリップを結びつける。先週からいろいろ調べていたことを知っていた園長が、これを餌にしたらいいよと、さきイカを持たせてくれ出発。

　到着し川をのぞき込むと最初は3匹目に入る。それぞれが釣竿を持っていたため最初は3匹に皆の糸が絡まるほどに集中する。しかし、そうすぐには釣れないため、飽きて別の遊びを始める子。釣れない！　出来ない！　と騒いだあげくあきらめる子。絶対自分が釣ってやるとあちこち探し回る子と様々である。

　「もうー、ぜんぜんつれないよ」「ハサミでえさはつかんだのにー。にげられたー」と失敗の声がする中で、ひで君はずっと同じ場所で1匹のザリガニを狙っていた。そして、ついにゆっくりゆっくりと竿を上げ、その先にザリガニがぶら下がっていた。「ひで君がザリガニつった！」。しんいち君が叫ぶと他で遊んでいた子も寄ってきた。悔しいたかし君は今度は自分がと、その隣にいたザリガニに向かって糸を垂らす。しばらくしてひで君が2匹目を釣り上げる。「またぁー？」「なんでー？」の声。「さわらせてー」「どうやってつったのー」「エサ、つけかたはこれでいい？」など次つぎと質問されている。

　けっきょく釣れたのはひで君だけ。しかも2匹。

　帰り道も園に着いてからも『すごいひで君』は質問攻め。本人は自慢しなくても、園長先生にも他のクラスの保育者にも他の子がひで君の功績を報告していた。

　お迎え時お母さんに今日の出来事を伝える。

　他の子が早く釣り上げたくて気が競る中、じっくりゆっくり待って慎重にそっと上げるひで君だけが釣れたこと。今日はヒーローだったこと。

　そして、どの子にもこういった瞬間が大切。得意なことはそれぞれ違うけれど、一人ひとりにこういう経験をさせてあげたいと思っていることを伝えた。

保育者の願いは、子どもの育ちの事実と一緒に伝えるのが大事！

　そして、年長に。卒園式では「おおきくなったらシェフになりたいです」と言ったひで君。

お母さんと保育者の喜び！保育者の料理のお手伝いの案をとり入れてくれたお母さんでしたね。

　小学校の入学式の後、同じ小学校に行ったグループの子たちが

揃ってお母さんも一緒にランドセル姿を見せに来てくれる。

　お母さん方から「お世話になりました」「無事入学することが出来ました」と言葉をいただく中で、「ほんとお世話になったんですよ。私なんて、先生のおかげで子どもの見方が変わりましたからねー」とひで君のお母さん。

　そういえば、いつからか園への厳しい要望もなくなっていた。ひで君が『ヒーローになった日』からかしら？　石を当てられたゆたか君とも保育参加の時によく遊んでくださっていた。そして今日、孤立するのではと心配していたお母さんが他のお母さんと一緒に来てくださっている。

（山下あけみ）

> 保育者が共感しようとする姿勢を持ったからこそ、このようなねぎらいの言葉をもらえたのですね。

保護者の現状を受け止めて、伴走する

　子どもが成長発達するのは、毎日の小さな積み重ねがいつしか効果を発揮するからだと思います。それと同じように保護者も、子どもの成長を見続け喜怒哀楽を繰り返しながら、親になっていくのだと思います。そういう意味では、保育は遅効性だと思います。

　ひで君がヒーローになった日からお母さんは変わったのではなく、この保育者との3年間の関わりのなかで少しずつ変わったのだと思います。この保育者が、子どもの発見や成長の喜びを保護者に伝え、できそうな提案をし続けたことで、母親が、「先生のおかげで子どもの見方が変わりました」と言ったのです。入学式の日、他の保護者と一緒に保育園に来てこの言葉を言えて、お母さんも "ヒロインになった" のだと思います。

　保育者冥利に尽きますね。

おしゃべりタイム

思いがけなく保護者に言われた言葉で、"むくわれた" と感じたことはありませんか？

事例 **⑪** # 助けてください
ワンチーム

　「どの園も人手不足は共通の悩みだと思いますが、先日このようなことがありました。
　1歳児クラス13名、私と、ひざを痛めて通院中の高齢の保育補助さん、高校生のアルバイトの女の子3人での保育。ただただ気を張って必死で一日過ごそうとしましたが、おやつを取りに事務所前を通った時園長と副園長が事務をしているのが目に入ったとき、思わず「無理です！助けてください！」と叫んでしまいました。質どころではなく命さえ守ることの不安を覚えました。他に言い方はあったのかもしれません。もっと早く対処が必要だったのかもしれません。他のクラスも必死な現状を知っていたし……。ＳＯＳする数秒の時間さえその時の私には取れませんでした。怒りをどこにぶつければよかったのでしょうか……」

そうなんだよねぇ～。

　以上はこの出来事があった後、自分のもやもやした気持ちを当研究会の仲間に送った時の文です。
　午前中は別の保育補助さんがいたため、何とか無事過ご

したものの、午後は3人だけで子どもを見つつ、おやつの準備など高校生に一つひとつ説明したり、痛めた足に負担のないように気遣ったりと、職員配置を確認に行く余裕もなく、その間にも子どもの援助や、子ども同士のいざこざの仲立ちと次々といろいろなことが起こりました。とりあえずかみつきのある子一人を抱え、小走りでおやつを取りに事務所前を通った時、「助けて」という言葉が出てしまったのです。すぐに「あっ、ごめんねー」と、状況を察した副園長が保育に入ってくださり、クラスは落ち着きを取り戻しました。

　職員配置の把握不足だけでなく、近くの大人に伝言ならば頼めたのではとか、「助けて」の言い方も嫌みの気がしたりなど、自分に対しての至らなさと、苦しい状況の中でも助けを借りないで頑張れるようになることが保育者の力量なのだろうかとか、さまざまなことが頭をよぎり、整理しきれない気持ちを聞いてもらいたかったのだと思います。

(山下あけみ)

> それでも、助けてって言える園ってステキです。

> 個々の保育者の努力や園の運営の工夫で解消できない問題でもありますよね。

困ったときの応援は15分単位で

　どこの園でも起こりうることです。保育現場は年々、慢性的な人手不足の状態に追い込まれていますから。そのため"とりあえず"の人員を確保することになります。でもそれでは、"保育の質"は保てません。国際的に最悪な保育士・職員の配置基準の改善が急務です。

　ともあれ、本当に人手が足りない時には、「助けて」の一言を伝える暇もありません。だからといって、他クラスに不平を訴えることもお門違いです。だって他クラスも同じような状況なのですから。実は事務所も同じです。決して保育現場をないがしろにしているわけではないのです。だからこそ「助けてください」の一言に、すぐに「ごめんね」と対応するのです。職種も立場も関係なく、職員みんなで子どもたち一人ひとりを保育していきたいと思っていますから。

　だからこそ、何よりも保育が優先されるべきなのです。そのためには一日の保育体制を朝礼時までには把握し、応援体制を確認することが必要です。その際に15分を一単位として体制を組んでいくと、案外に無理なくできます。なぜなら、それぞれのクラスが人手を必要とする時間は微妙にずれていますし、15分程度なら必要に応じてクラスや自分の保育に遠慮なく戻れますからね。

　保育はチームワーク、事務所もワンチームとなれるようクラスの保育をつぶさに伝え、時間ごとに同じシーンを描けるようにしていきたいですね。

　しかし、それも"誰かの仕事・役割"としたのでは限界があります。一人ひとりが自覚的に「大丈夫？　手伝おうか？」と声を掛け合えるようになりたいですね。

事例 ⑫ # 今日できないことは明日へ

仕事に優先順位を付ける

　この4月に異動して感じたこと。16：45を過ぎると子どもたちを当番に引き継いで事務仕事を始めます。気持ちの切り替えができていることに感心する一方で、退勤時間になっても一向に帰る素振りがみられません。私のモットーは"仕事は時間内に"。「時間ですよ帰りましょう」と声をかけると、「は〜い」と返事はするものの動きは変わらず。帰り支度をすませ「お先に」と声をかけても同じ状態。後日出勤簿を確認すると、6〜7割の職員が毎日のように1時間以上残業しています。

　しかも、残業代の申請は1件もないのです。仕事をしていたのなら、請求すべきなのに！

　5月の職員会議で、「仕事は時間内に、やりきれなかったことは明日しましょう」と伝えると、「わかってます」といった表情でうなずく職員たち。でも状況は変わらず。6月の職員会議で、「そんなに家に帰りたくない？」とたずねると、失笑とともに「そんなことはないけど……」と。帰りたいけれど帰れないんです。

ここに注目！

時間内に……そうしたいけど、時間外に事務仕事をすることが、あたりまえの文化になってしまってる？

ならば帰れるようにしなくては！　まずは事務の軽減。書類の下書きを一切不要とし、必要性を感じていない書類を提言してもらうことに。その多くは第三者評価や保育指針で努力目標として"望ましい"と謳われていること。必須の義務ではないのです。ならば後回しにしましょ！　努力目標は時間と余力があるときにすればいいのですから。「第三者評価がボロクソじゃダメ？」と職員たちに問うと、「園長がいいのなら……」といった顔。事務より日々の保育と職員のモチベーション、そして元気が大事ですから。

（田中康次郎）

理解ある園長先生の時がチャンス！
働きやすい職場は保育内容の充実につながります。

制度は職員を守ってくれていない

　このような園長なら保育しやすいと思いますが、現実はその反対が多いのではないでしょうか。

　保育者自身も今日やることと明日に回せる仕事を、振り分ける力をつけるといいですね。また、保育事務だけでなく保育そのものにおいても、本当に必要なのかを常に検証し、不要ならやめることが大切です。

　不要ではなくても、やるべきことの順番を考えていきたいです。なにを優先すべきなのか。もちろん、最優先すべきは"子どもにとってよかれ"を保障することです。そのためにも取捨選択する基準を、みんなで話し合って作れたらいいですね。本当に大切なことを、丁寧にやっていくにはゆとりが必要です。最近は新たに要求されることが増えていくばかりですが、そのゆとりを削ってまでやることかどうか吟味していきましょう。

　一つ増やすのであれば、別の一つをやめるぐらいでいくべきですね。

　日本の保育現場は、子どもと直接関わっていない時間（「ノンコンタクトタイム」）が少ないのが実情です。保育の環境整備や記録・事務作業・会議等をする時間などの「ノンコンタクトタイム」を充実させることが切実な課題になっています。

おしゃべりタイム

あなたにとって、負担感の強い業務は何ですか？

事例⑬ # やまんば事件

おじいちゃんは悪い人?

　その日は久しぶりの秋晴れで、子どもたちの足取りはいつも以上に軽やかで図書館へ向かっていたのです。ところが、図書館は書架整理のためお休みで、ここで「残念、保育園に帰ります」とはもちろん言えず、「近くに公園ないですか?」と聞いて向かった小さな公園。ブランコと滑り台と砂場と、そこに親子が一組、ひっそり遊んでいたのでした。

> 思いがけず、知らない場所へ行けることに。ちょっとした冒険のはじまりです。

　そこへ現れた23人の5歳児きりん組と図書館での約束を伝授してもらいに参加した4歳児りす組代表けいちゃん、計24人の子どもたち。
　「ひろむちゃん、順番、順番、ここ先頭にしよう!」いくちゃんの舞台女優張りの声が響いて、にぎわっていたブランコの柵周りに秩序がもたらされ、滑り台の上からは、あきら君のはやる気持ちに「ちょっと待って、次あきら君だから、すぐ滑れるから」と、るなちゃんのたしなめの一言が聞こえます。たかし君の「かくれんぼしよう!」の呼びかけには、公園の植木が絶好の隠れ場所となり、途中で認証保育所の小さい子たちが砂場遊具持参でやって来たの

で、「小さい子来たからね」と声をかけると砂場には一歩も足を踏み入れることなく追いかけ合い。ああ、子どもたちがみんな笑っている。至福の瞬間、と思った次の瞬間。「うるさいぞ！」の怒鳴り声とともに、隣の家の2階からブランコに向かって水がまかれ、子どもたちを出口に避難させた公園の真ん中にビンが投げ込まれた。

　「とにかく並んで、帰ります」と声をかけ、「なんで？」と聞かれる。そうだよね、なんで？　だよね。「おじいちゃんが怒っちゃったからだよ！　ビン投げた！」「水も！　僕ちょっと足にかかった」そうだね、びっくりして悲しかったね、なんて理不尽。でも理不尽なことにも納得できる理由、と「おじいちゃん、病気で頭痛かったのかな？」と話し、歩き始める。歩き始めると、はやと君が「もしかしたらさ、あかちゃんが寝そうだったのにさ、はやとたちがうるさくて起きちゃったのかな？」と1歳になる弟を持つ兄ならではの発言。あ〜わかるわかる、という表情なのは同じく弟妹を持つあんり君とかおる君。ようこちゃんは「熱があったのかも、熱の時って頭痛くなるでしょ？」と実体験に基づき発言。私は清水玲子さんの「理不尽なことを子どもたちはどう感じとるか」（「現代と保育」83号、ひとなる書房、2012年）という論文を思い出す。一つひとつの発言に「そうかもね」「そうかもね」と答えながら、この子たちの優しさに打ちのめされそうになる。そのとき、たかし君が「でも、おじいちゃんがあんなことするわけないから、あれはきっと、やまんばだったんだよ」と言った。

　そうだ、あのおじいちゃんにはやまんばにならなくてはいけない、何か理由があるのだと気付かされる。理不尽の理由を見つける、ということは、その根底に人への信頼があるのだと。この信頼を絶対に壊してなるものかと。そう思って、次に思い浮かんだのは、同じく公園を追われるように帰っていった認証保育所の保育者と子どもたちの後ろ姿だった。あの子たちには、帰って遊ぶ園庭がない。

　現在都市部で増設されている保育施設の多くには園庭がない。面積基準も低く、保育室は異年齢で1フロア、遊ぶ場所を求めて公園を回り、公園ジプシーなどと言われている。ゲリラ豪雨の中、近くの認可保育園に頭を下げながら避難する。そんな思いをしている保育者が、誇りを持って保育できるだろうか、そんな環境で乳幼児期を過ごす子どもたちが、人への信頼を培えるだろうか。待機児童対策をこのような小規模保育事業に委ねようとしている。園庭が

この一言だけで、配慮を働かせることができる子どもたちって、すごい！

ここに注目！

ここでも「相手の立場になってみる」優しさと想像力が発揮されてる。きっと、絵本や物語などもたっぷり味わいながら、保育者や保護者の心根や人間観が自然と子どもたちに映っているのかも知れないな〜。

都会では、待機児解消政策の中で、急速に大きな「保育格差」が生じてしまった。みんな同じ子どもなのに……。

なく、保育者の有資格者は認証保育所よりも低く5割（Ｂ型）でよいとされ、給食は仕出し弁当でよく、こんな理不尽な環境で今もこれからも子どもたちが育っていいという。

こんな環境で保育者が保育を楽しめるでしょうか？　いったい私たち大人はこの理不尽に、子どもたちが納得できる理由をつけられるでしょうか？

私は思います。保育実践は、保育制度とともにあるのです。子どもの願いに応える保育は、保育基準に裏打ちされているのです。

（伊藤真咲）

> 大人たちの「子どもへの責任」が問われているのだと思う。自分の言葉で、自分のやり方で、どう果たすか……。

子どもたちを人間不信にさせない

「苦情が入り、散歩に行く公園が使えない」「運動会の音や和太鼓の音がうるさいと苦情が来るので、園の近隣に“ご迷惑をおかけします”のビラを配布した」などの経験は、どの園にもあることでしょう。確かに、近隣の方との良好な関係を築くことは必要です。

しかし、子どもたちは、相手の理不尽な言動に対しても、その理由を探ろうとします。“同じ人間”として。だから、とても理解できない言動は“やまんば”の仕業とせずにはいられないのでしょう。そんな子どもたちが、人間不信に陥らないよう保育者は、子どもたちとどのように向き合っていけばよいのでしょうか？

子どもたちに学び、“同じ人間”として相手を理解しようとする姿勢は失くしてはならないと思います。相手を悪者にしないやさしい発想、そしてその根底には、人への信頼があることを、大切に育んでいきたいですね。

一方で“やまんば”とは、どのように向き合っていけばよいのでしょうか？……無力感を禁じえません。ただ“やまんば”は最初から“やまんば”だったのでしょうか？　いつの間にか“やまんば”にさせられたようにも感じられます。“社会に作られた悪者”という感覚は忘れずに向き合うことが必要だと思えます。

では“子どものために”を標榜する保育者は、何をすればよいのでしょうか。例えば、「保育園には、子どもたちが安心して過ごせる園庭の設置を必須とする」等、制度の改正を強く訴えていくことも欠かせません。間違いなく、保育実践は保育制度とともにあるのですから。

同時に地域社会と積極的に関わることも必要です。地域に出て行く。すれ違う人と笑顔で挨拶を交わすことで顔見知りになり、子どもたちを知ってもらう。地域の施設を利用する。その中で、他者に気遣いをすることやルールを守ることで、友好的な関係作りをしていくことも必要です。

保育が楽しめない“理不尽な保育制度”のもとにあっても、置き去りにしてはならないのは、子どもたちが安心して楽しく過ごせる場を築き、園から響く子どもたちの声を心地よく感じてもらえる保育をしていくことではないでしょうか。

これからの保育者は、子どもも含めた人間すべてが生きやすい社会を構築するために、ミクロの視点では園の保育を守り、マクロの視点では、社会に声を届けていかなければならないと思います。

写真家がとらえた保育の中の子どもたち

保育者の道のり

　保育を長年経験してきた私は、いつの頃からか毎日していることがありました。

　それは毎朝の通勤の道すがら、今日の保育を想像しながら保育園に向かうことです。季節や月日・曜日・天候・昨日の保育などに思いを巡らせながら、頭の中で今日の子どもたちとの生活を組み立てます。

　子どもたちと思いっきり濃密な一日を過ごし、家路につくために保育園の門を出ると、ドッと疲労感に襲われます。エネルギッシュな子どもたちと生活をともにした充実感と、集中していた神経をほどいた脱力感に襲われるからです。帰る道すがら、今日の保育を振り返り、足どりが重くなるか軽くなるかは、その日の保育の出来によって異なります。

　"明日も、がんばろう！"と前向きになれる日を積み重ねたいと思っていました。

　子どもは私を、"仕事をしている人"と言うより、"いつもそばにいてくれる人""一緒に遊んでくれる人"と思っているようです。その証拠に、私がいつもと違う格好（スーツにネクタイ）をしていると、「アレッ、これから仕事に行くの？」と何度も聞かれたことがあるからです。この子どもの眼差しは、私にとって心地よいもので、それに応えようとより親密に関わっていました。

　10年目に初めて他園に異動したとき、子どもたちに「センパイ」と呼ばれるようになりました。ベテランの保育者が多い園だったためか、私が相変わらず保育者として成長せず、子どもたちにまみれて遊んでばかりいた

ためかわかりませんが、その呼び方も心地よいものでした。子どもの見方・とらえ方を面白がり、一緒に寄り添って保育することが楽しかったのだと思います。

　保育者のスタイルも千差万別です。保育者主導のタイプや子ども中心で援助するタイプ、遊びが得意タイプや生活が得意タイプ、乳児保育得意タイプや幼児保育得意タイプなどと分けられるかもしれません。一人の保育者でも、そのキャリアの中でスタイルが変遷していくこともあります。

　私も、遊び中心で保育者主導のスタイルから生活重視で援助するスタイルに変わっていったと自己分析しています。生活重視で援助するスタイルとは、安定した生活を基盤として子どもたちと丁寧に経験を積み重ね、安心感を持って子どもが自主的に遊びを展開し、それを保育者が寄り添って見守るという保育です。

　保育者は自らの性格や得意不得意を自覚して、子どもの命を守る覚悟と子どもの代弁者としての使命を持って、自分の保育のスタイルを確立していく必要があると思います。

　保育は、老若男女多様な保育者が子どもたちとともにつくっていくものと考えます。

　若い保育者は、子どもたちのパワーを思い切り受け止めて保育することができます。ベテランの保育者は、子どものひそかな目の輝きに寄り添って保育することができます。それぞれの保育者は、子どもの頃の遊び体験の

違いを見せて幅を広げることができるかもしれません。多様な保育者が子どもを見る角度の違いを醸し出すことで、子どもたちが多様な見方を獲得することができると思います。

決して、多様性を型はめして役割を押し付けるものではありませんが、関わりのバリエーションが豊かになるのは素敵なことだと思います。

私は、自分の得意なものが何かわからなかった青年期に、「笑顔だけはいいね」と言われたことがありました。また、園で子どもに「笑ってばかりいないで、怒ってみて」と言われたこともありました。

保育者は、心からのま〜るい笑顔の立ち居振る舞い（表情・雰囲気・言動）を基本として保育していきたいものです。保育者の笑顔は子どもにもうつり、柔和な雰囲気を醸し出すことができます。笑顔の癒しは照り返し、癒し合うことができるのです。

たとえば、子どもが痛い思いをした時、その感情に寄り添いながらも、笑顔で励ますことで、子どもは自ら立ち直ることができます。「チチンプイプイ、チチンプイプイ、痛いの痛いの飛んでいけ〜」と、心が通じ合った保育者が、笑顔でおまじないすると効き目は、抜群です。私は、乳児にも幼児にもこれを多用してきました。

さまざまな感情を一緒に経験したり、相手の立場に立って共感したりすることを重ねていくと、安らぎがあって何気なく楽しそうで、安楽な空気感が漂ってきます。

こんなことがありました。お座りをしていた０歳児が、部屋の上のほうを指さして、

「あっ」。保育者は一緒に上を見上げ、〈電灯？　天井扇？　エアコン？　天井？〉と頭の中で探りながら、「天井？」と聞いてみる。〈そう、そう〉と納得したように、手を下すが、天井は見たまま。その子が、しばらくして園庭に出た時にまた、「あーっ」と上を指さして声をあげる。私も一緒に見上げて、〈空？　雲？　飛行機？〉と頭の中で探りながら、「空？」と聞く。やはり〈そう、そう〉と満足したように空を見上げ続けている。

私は、この子が部屋の天井と高く広い空の違いを見つけたことに感動したのと同時に、この子の発見に気づき共感できたことへの満足感と二人の充実感を味わうことができました。毎日何度も０歳児が、いつもと同じように指差しをするなかで、その意味を一つひとつ丁寧に探っていくと、そこに小さな違いを見つけることができます。小さな違いも、とらえ方ひとつで大きな感動になるものです。こんなことを毎日繰り返していくことで、かけがえのない毎日を紡いでいくことができるのです。

若い頃は、子どもたちと駆け回り笑い転げて遊ぶことが楽しい毎日を送っていましたが、歳をとるにつれて、小さな出来事の意味を見つけた時の感動が何より充実感を覚えました。それは、保育者として地道な努力を積み重ね、磨き続けてきた結果というより、経験と歳相応に子どもとの関わり方も変わってきた自然な姿なのだと思います。

（矢吹秀徳）

保育者のふるまいが子どもにうつる

子どもは保育者をうつす鏡

　私たち保育者は、子どもを見る（子どもを理解する）と同時に、子どもから見られている存在です。見る―見られるという相互関係の中で、保育者と子どもの関わりのありようが形づくられ、その中で子どもは育ちます。

　子どもは、保育者の姿をよく見ています。遊びの場面で、保育者の言葉や動きを再現したり、友だちが泣いているとそっと抱きしめたり、背中をさすったり……そんな姿に、日頃の保育者の姿が映し出されているようです。時には、ごっこ遊びで保育者役になっている子どもの口調が自分そっくりなことに笑ってしまったり、どきっとしたりすることも。

　「子は親の鏡」と言われますが、保育者にとっても、子どもは自分をうつす鏡だと思わずにはいられません。

他者の目を通して自分のふるまいに気づく

　自分に余裕がなくなると、子どもに自分のふるまいがどううつっているか、とらえられなくなることがあります。5歳児を担任した時の忘れられない事例です。

　まこちゃんは、3月生まれで幼いところもあるけれど、友だちと遊ぶのが大好きで活発な男の子。しかし、年長組の秋頃、本人には受け止めきれない家庭の事情があったからでしょうか、保育園で荒れる姿を見せるようになりました。友だちの遊びをじゃましたり、乱暴な言葉を発したりする姿にどうしたらよいか悩みながらも、「子どもの行動には必ず理由がある」と、その姿の背景にあるしんど

さを受け止めようとしてきました。しかし、受けとめようとすればするほど、そうした行動がますますエスカレートすることに迷いが生じるようになりました。甘えは受け入れつつ、叱るべき時は叱ることが必要ではないか。そうしないと、他の子どもたちが「まこちゃんだけずるい」と思ったり、真似をしたりしてクラスが落ち着かなくなってしまうのではないか、と。

　そんなある日のこと。午睡前に保育室で絵本を読んでいる時、立ち歩いて友だちにちょっかいを出したり、大声を出したりするまこちゃんに、「まこちゃんも座って」と何度か声をかけましたがやめません。「叱られてもいいから目を向けてほしい」という姿だと頭ではわかりつつ、「もう、いいかげんにして」という思いでいっぱいになり、思わず「絵本を見たくないなら見なくていいから廊下で遊んでて」と言ってしまいました。「いやだ、絵本を見る」という反応を期待していたのですが、その言葉にまこちゃんはプイっと保育室を出ると、「ばか！　ばか！」と言いながら廊下の壁を足でけり始めました。

　そこに主任が来て、事務所でまこちゃんの相手をしてくれましたが、その後、「あなたがこの子を部屋から出したら、他の子がまこちゃんはクラスから排除してもいい子だと思っちゃうよ」と言われました。その通りだと、ハッとしてその言葉は心に刺さり、まこちゃんに申し訳ないことをしたという思いと、クラスの子どもたちがあの場面をどう見ていたのかと考えると苦しくて眠れません

した。主任の言葉を反芻し、自分のふるまいは、「もう、いいかげんにして」という気持ちの表れであり、余裕のなさから自分をコントロールすることができなかったのです。他者の目を通して自分の気持ちを見つめ直すことができたように思います。

　私の迷いがまこちゃんに反映し、試すような行動をエスカレートさせていたのかもしれないと気づき、腹をくくってまこちゃんの気持ちを受けとめようと決めました。そして、困った時は主任や隣のクラスに助けをお願いすることにしました。他の先生にまこちゃんを受け入れてもらったり、逆に他の先生にクラスを見てもらって、まこちゃんと1対1でしっかり向き合ったりして園全体でまこちゃんを受けとめるようになっていきました。

自分も困った時は先生が助けてくれる

　私の迷いが吹っ切れたことがよかったのか、思いが伝わったのか、まこちゃんは徐々に以前の落ち着いた姿を見せてくれるようになりました。子どもがしんどい思いをしている時に保育者がどう関わるかは、その子にとってだけでなく他の子どもにも反映します。

　例えば、散歩の帰りに疲れて「おんぶして」と言い出す子がいた時、「一人だけおんぶしたらほかの子も次々『わたしも〜』と言い出すのではないか。一人だけ甘えを受け入れてもいいのか」と保育者は悩みます。疲れている子どものおんぶの要求を受け入れた時、ほかの子どもたちはどう見るでしょうか。きっと「私も疲れた時は、先生はおんぶしてくれる」と自分を投影して見るでしょう。もし、保育者が「あなただけ特別扱いするわけにはいかない」と拒絶すると、見てい

るほかの子どもも自分が突き放されたような気持ちになるのではないでしょうか。その時、しんどい思いをしている子どもを大事にすることが、「自分もしんどくなったらあんなふうに大事にしてもらえる」という保育者への信頼に繋がっていくのです。

　実際に、私がまこちゃんとしっかり向き合うことで、心配していた「まこちゃんだけずるい」という反応はなく、クラスがやさしい空気に変わっていったように感じました。

言いにくいことも言い合える同僚性こそ

　子どもへの関わりだけでなく、保育者同士の関係も子どもはよく見ています。担任同士の関係もそうですが、特に非常勤保育士に対して助手のように考えて、常勤保育士が一方的な指示で動かすような関係になっていると、子どもはそれを反映して担任と非常勤保育士とでは違う姿を見せるようになります（3部事例⑥「えっ！それって」参照）。

　非常勤も含め保育者同士が「一緒に保育をつくっていく仲間」として対等な関係を築き、保育への思いを共有し協働していくことが重要ではないでしょうか。人を大切にする園の文化や風土は、子どもだけでなく保護者にも伝わっていきます。

　そのためには、日頃から「ねえねえ、今日こんなことがあったのよ」と子どもの楽しい話題が飛び交う園の雰囲気を醸成することです。その中で、困った時に助けを求めたり悩みを出したりでき、言いにくいことも言い合える同僚性を築いていくことこそが大切です。大人たちのいい関係のありようを空気のように感じとって、子どもたちは豊かな関係をつくっていくのですから。　（小野崎佳代）

地域で保育を 地域から保育を

保育とは……その子らしい"ひととなり"を、幸せに生きる力を培っていくこと。そして、すべての子どもたちが誰一人取りこぼされることなく、幸せに生きていってほしいというのが私たち保育者の願いです。

保育士になった頃

保育に携わって半世紀。私が働き始めた1970年代、国の家族政策は働く夫と専業主婦の妻で構成する家族像（性別役割分業）が基本でした。世間には、保育園児は「かわいそうな子」という声もあった時代です。

保育所が圧倒的に足りない中で、切羽詰まった働く母（と父）たちは、自主運営の無認可共同保育所をたくさん生みだしていきます。一方、家庭で子育てをしている核家族の母親たちは、地域の変貌のなかで「孤立した母子」となり、より深刻な負担を強いられていきました。「三歳までは母の手で」という風潮が、母親たちと女性たちをさらに追い詰め、それはやがて、先進国の中でも最低に近い出生率（1990年1.57ショック）となっていきます。

「地域子育て支援」の実践から

2000年にはいっても少子化傾向が進むなかで、自治体には子育て広場やセンターの計画的な設置が義務づけられたり、保育所も地域の子育て支援に取り組むことが提起されていきます。私はそんな時期に公立保育園で園長になったので、地域の子育ての実態や保育園の役割を理解しようと一生懸命学び、その中で、子育てに悩み、助けを求めている親子を目の前にして見て見ぬふりはできない、との思いに至ったのです。

とはいえ、現場から「毎日の保育で精一杯なのに、地域の子どもたちの支援までできない」の声があがるのも当然です。私は、「できないではなく、何ができるか、どうしたらできるか考えてみよう」と、職員と徹底して話し合うことにしました。

結果、2人の職員で50組の親子と公園散歩、給食のワゴンを引いて3分クッキング、沐浴教室、日曜日のパパ広場、園のホール開放などを実現しました（後に土曜日に高齢者にホールを開放し、お手玉などの手づくり玩具作りの活動へとつながっていきます）。

こうした取り組みが、近隣で評判になり、近隣住民が清掃や送迎車の誘導などで保育園を支えてくれるようになったのは、うれしい変化でした。「やればできる、やってみてよかった」というのが私たちの結論でした。他園からは、「やりすぎ」「保育園に差がつくのは困る」と言われて悔し涙も流しましたが、「横並び」がいいのでしょうか？

私は近隣の私立保育園の園長に「公私立合同研修会」を提案したり、公立保育園の中で「エピソード研修会」の立ち上げに取り組みます。上司にも掛け合い、市役所に「地域子育て係」を設置してもらい、その後、各保育園に地域支援担当職員が配置され、公立園で子育て支援事業が始まります。

私の職場では、「つながる」をキーワードに、障がい児施設の子どもたちとの交流を進め、地域の子ども同士のつながりをつくり、

就学後の関係にもいい影響が現れます。親たちも園を越えて地域の中でつながりの輪ができ、保育園同士の交流では、遊具や備品・施設の貸し借りなどが行われ、予算の有効活用になるという副産物もありました。

　ところがここ10年、国の保育・子育て政策は大幅に変わります。不足する労働力を女性の就業率引き上げ（25歳～44歳で80％を目標）でカバーしようと、「誰もが利用できる保育所」を打ち出し、2019年には「保育・幼児教育の無償化」も実施されました。保育施設は急増し、例えば、１～２歳児の約５割が保育施設に通うようになり、家庭・地域の子育てから保育施設での子育てに変化していきます。「保活」という言葉が生まれ、「待機児解消のため」と認可基準を下回る認証保育所等が生まれ、最低基準の緩和で定数を越えた受け入れ、園庭のない保育園、高架下の保育園なども作られていきます。現在「保育の量」は満たされつつありますが、では、「保育の質」はどうでしょうか？

身近な地域単位で子どもを育てる

　時々の保育・子育て支援施策を受け止め、夢中で実践してきた者の一人として、今後の保育・子育てについて考えてみました。
●自治体全域を一つとして考えるのではなく、中学校区位の「顔の見えるコミュニティ」で活動枠を設ける。乳幼児については、公立保育園が地域の中で積極的な役割を果たす。
●小中学校、公私立保育園、地域子育て支援センター、障がい者や高齢者施設、コミュニティー協議会（社協）、民生委員関係者等々の関係機関を一つの連携体にする。
●自治体は大学などの教育機関と連携し、有識者をアドバイザーに配置すると共に地域に専任コーディネーターを配置する。
●手始めに「地域施設間学習会」を実施するのはいかがでしょうか？

　それらの第一歩として、私はまず保育園の連携から始めることを提案します。ちなみに、私の自治体では一つの中学校区内に単純計算で７.５カ所の保育施設があることになります。公私立園の他に認証保育所や小規模保育所、園庭があったりなかったり等と施設設備条件や保育士の働く条件も様々です。まずは、お互いの保育環境や条件の違いを知るだけで目からウロコとなり、自ずと施設間の連携の強化や、地域全体で子どもの育ちを考えるようになるはずです。

　たとえば園庭利用でいえば、「貸してあげる―お借りする」関係ではなく、「一緒にどうぞ―ありがとう」という関係になるでしょう。園の垣根を越えた保育者や保護者のつながりは、新しい子育て文化を生みだし、地域全体の保育条件の改善に力を発揮するでしょう。

　こんな視点から、私が園長を務める私立保育園は、隣接公立園との日常的交流を行っています。そこでは、公立園と私立園それぞれの良さや強みを改めて認識し合ったり、互いの実践を通じて学び合ったり、楽しい交流ができています。

　これからは、地域で保育をしていく時代です。「ここに保育園があってよかった」と地域の方たちに心から思ってもらえることを目指して、他園の方々とともに日々を重ねていきたいです。
　　　　　　　　　　　　　　　　（内藤孝子）

保育実践は制度とともにある

コロナ禍で浮き彫りになったこと

　新型コロナウイルス感染症の拡大による1回目の緊急事態宣言が発出された2020年4月。保育施設の多くは、休園や縮小保育となりました。登園は、医療従事者や交通関係などエッセンシャルワークに携わる家庭のみとなり、子どもの出席数が一桁という施設も多かったのではないでしょうか。

　看護師の母を持つ○○君は、同じく母親が医療従事者の△△ちゃんが泣いていると、「ママもね、本当は○○とお家にいたいんだって。でも、行かなきゃいけないんだよ」と語りかけていました。二人の切なさを感じ、そっと抱き留めてしまいました。感染のリスクを負いながら出勤していく母親に、保育者も「いってらっしゃい」と声をかけるとき、そこには感謝と無事を祈る気持ちをこめていました。保育者もまた不安を抱えながら、子どもが楽しかったと思える保育をしようと心がけていました。

　休園や登園自粛が続くと、保護者が話すことは不安や悩みでいっぱいでしたが、話しているうちに保育者も励まし励まされることが多かったです。普段から保育園は、保護者と一緒に共育ち・共育てしていると強く感じました。

　コロナ禍は、新入園児の多い乳児クラスの春にも大きな変化をもたらしました。感染拡大防止のために育休を延長し、登園自粛する家庭が多かったため、登園人数が半分でのスタートとなったのです。乳児クラスを担任する保育者からは「泣いている子に、じっくり

と関わることができた」「少人数から順々に受け入れてきたことで、落ち着いて慣れることができた」という声が聞かれました。改めて日頃の保育者の配置基準の厳しさを感じ、改善が必要と強く思いました。

　幼児クラスも登園人数が7、8割という時期があったのではないでしょうか。「子どもが20人を超えるのと超えないのとでは、落ち着き具合が違うんだよね」という保育者の実感も聞かれました。各クラスの子ども集団の適正規模を論じ合う必要があると思いました。

　コロナ対応として密閉・密集を避けるために、食事や昼寝などの保育方法や行事の見直しを行ない実践してきましたが、その中でも現場の創意工夫ではやりきれない現状がありました。特に、保育室の面積や設備の貧困が大きな壁となりました。

　コロナ禍中で浮き彫りになった制度の問題点を見失うことなく、改善に向けて発信していく必要があると感じます。

日々の保育で感じること

　毎日保育していく中で実感することは、一人ひとりの子どもに寄り添う人手がなく、必死で防ごうとしても噛みつき・ひっかきが起きてしまうような人的な問題です。また、食寝遊の分離もできない施設の貧困などの物的な問題です。そのうえ、次々に業務を押し付けられ保育者のゆとりを忙殺される時間的な問題です。それに、指導や命令等で制約を受けたり保育指針にしばられたりして、保育内

容の自由を脅かされることも問題だと考えます。

こんなことがありました。園の近くの保育施設から、その保育者と子どもたちがプールを借りに来た時のこと。「お邪魔します」と言って保育者が入ってきて、プールを利用した後に、「ありがとうございました」と言って帰っていきました。その保育者の言動の中に、施設のあり方の不平等な関係を感じました。同じ地域の子どもたちなのに、プールや園庭がない・保育室や給食内容が貧困など、不平等な扱いがあっていいのでしょうか。

また、「やまんば事件」（３部事例⑬）のように、散歩先の公園で苦情があると、散歩に行けない理不尽や園庭で遊んでいるときの音が騒音だと苦情が来て、遊びが制限される困難さにも直面しています。

私たち保育者は日頃、園長や副園長に、人手が足りないとき「助けてください」と言いながら、その根本原因を考えると、園長たちとともに、自治体や国に向けても「助けてください」と声をあげていく必要があると思います。

日々の保育実践の中で感じる壁は制度であり、制度が実践を既定しているのです。

保育の質論議の転換を

この10年、待機児童解消を理由に、規制緩和と量的拡大がすすみました。都会の新設園では大半がビルの中への設置だったり、園庭が無く、定員を超えた子どもの受け入れ、何百人もの大規模園も誕生しました。

施設環境や保育条件の悪化、他職種に比べて給与が低く、責任と厳しさだけが増すなかで退職者が相次ぎ、保育者不足が社会問題化

しています。

こうした中、数十年以上変わらない保育者の配置基準（次頁表参照）の改善を求めて、愛知の保育者からはじまった「子どもたちにもう一人保育士を！」の運動は、またたく間に共感の輪を拡げていきました。肌身で感じている保育現場のリアルを、自分たちの調査と言葉で伝え、"「ちょっとまってね」と言わなくてもいい保育がしたい！"という切実な声は、事実を知った保護者の圧倒的な賛同を得ます（次頁表参照）。マスコミも取りあげて世論となることで、国もようやく配置基準の部分的見直しに着手しはじめています。

この際、基準を超えて配置している人員の費用を補助金でカバーするという不安定な改善ではなく、配置基準そのもの、それも、全年齢を対象にした改善が必要と考えます。

規模の問題や保育室、園庭などの施設条件や配置基準、働く職員の処遇等は、保育の質のハード面と言え、ソフト面として、実践をつくる保育者の実践力の質があります。ところが、日本での「保育の質」論議は、ハードの質の向上を指摘しつつも、行政の側がその改善には容易に向かわない中で、「それはさておいても…」ということで、ハードの質は切り離され、「保育の質の向上＝保育者の質の向上」という形で論議され、現場まかせにされている傾向がありました。

ようやくハード面の改善がとりあげられるようになった今、保育実践は制度・条件とともにあること、ハード面、ソフト面二つが相まってこそ保育の質の向上になることを、事実を通して丁寧に言葉にしていき、社会全体で真の保育の質の向上を目指す時だと思っています。
　　　　　　　　　　　　　（保育実践研究会）

●認可保育所の園庭保有率の低い自治体

＊敷地内に必要基準面積を満たす専用屋外遊技場がある認可保育所の比率
　（園庭を保有する保育所数÷分園を含む認可保育所の総数）

いずれも東京都

　認可保育所の基準は「2歳以上児1人につき3.3㎡の屋外遊技場が必要」としているが、近くの公園等での代替も認めている。近年、待機児童対策で都市部では、園庭のない認可保育所が増加している。

① 中央区 18.8%	⑥ 新宿区 26.2%
② 文京区 19.0%	⑦ 目黒区 30.3%
③ 港　区 21.2%	⑧ 江東区 30.3%
④ 台東区 23.4%	⑨ 千代田区 30.4%
⑤ 品川区 26.1%	⑩ 小金井市 38.6%

『100都市保育充実度チェック　2023年版』保育園を考える親の会／調査・監修より作成

●現行の保育士配置基準 （保育士1人で受け持つ子ども数）

0歳児	1歳児	2歳児	3歳児	4歳児	5歳児
3：1	6：1	6：1	20：1	30：1	30：1

＊前頁で記した、配置基準の改善を求める運動の広がりや多くの地方議会での決議、世論の高まりなどもあって、2024年度から3歳児は15：1、4、5歳児は25：1に見直しがされる見込みです。

●保護者は現在の配置基準をどう見ているか （47都道府県7316件の回答を集計）
　現在の日本の配置基準についてどのように感じましたか？

とても不足していると思う 78%

不足していると思う 8%

計96%

＊「どちらかといえば不足していると思う」3%
　「どちらかといえば十分だと思う」「十分だと思う」は、どちらも 0%

保育士配置基準が不足しているとの認識は、保育園に子どもを預けている保護者の共通認識になっている。
『子どもたちにもう1人保育士を！　全国保護者アンケート調査結果概要』（2023年12月12日）から

●保育士は現在の配置基準をどう見ているか （保育士2648件の回答を集計）
　『国の保育士配置基準では、子どもの命と安全を守れない』と思う場面を選んでください。（あてはまるものすべてを選択　アンケート調査2022年2月4日〜3月31日）

地震・火災など災害時 84%

地震・火災など災害時	84%	防犯上	59%
食事の場面	35%	午睡時	23%
プールなど水遊び	58%	お散歩	60%
園庭・室内での活動	33%	早朝夕刻の保育	43%
その他	3%	未回答・不明	5%

『子どもたちにもう1人保育士を！〜70年以上変わらない保育士配置基準を考えるアンケート〜集計結果の最終報告』から

第 **4** 部

任せることで
育ちあう子どもたち

子どもってスゴイ！
保育って面白い！

リレーについてはいろんな考え方がありますが、ドラマを生み出しやすいことだけは確かでしょう。

遊びの中で 培われるものは

悔しくて、涙がとまらない

　私立園と公立園が隣同士の敷地に立っています。この立地を利用して、この2園は機会あるごとに保育交流を行っています。

　運動会を間近かにし、5歳児同士（2園混合チーム）が隣接する公立の園庭でリレーをやっていた。するとれん君が、顔を真っ赤にして赤帽子をたたきつけるように投げ捨てて、自園に戻ってきた。れん君は足が速いが、彼のチームは二度とも勝てず、くやしかったのだ。他の子たちもその勢いのある、くやしがる姿に見いっていた。

　リレーの練習とはいえ……自分をさらけ出してくやしがれる。同じチームの友だちが一生懸命に走っていたことは、れん君にもわかっていた。だから、くやしさをどう表現していいのかわからなくなり、泣いて戻ってくるしかなかった。

　そこへ、公立園の男児が追いかけてきた。なんと声をかけたかは、わからない。その子の顔を見ることもなく泣き続けていた。

ここに 注目！

あるよね、こういうこと。この気持ちがどういった関係の中で昇華されていくかがきっと大切なのでしょう。

　追いかけてきた友だちの姿を感じながら、自分の気持ちに気づいていくにちがいない。

　２人は、しばらくそこに……そこには、二つの心が……。

　こういうことを繰り返しながら、立ち向かう力を培っていくのだろうと……。

　保育者っていい仕事だなあと思った。子どもの心、感情の揺れ動きがひしひしと感じられる。ドラマがある。「子どもと生きる幸せ」を感じた。こうした姿を見逃さず、子どもの行為や心もちに気持ちを寄せて、子どもの心身の育ち、生き抜いていく力をサポートしたい。　　（内藤孝子）

"ただただ見守るばかり"も保育

　リレーって、酷な競技ですね。保育園児に必要な経験なのか……考えさせられます。自分は全力を出し切ったのに、チームとしては勝てない。だからといって、友だちを責めることもできない。その口惜しさやるせなさをどこにもぶつけることができない。

　となれば、泣くしかないですよね。でも彼のその姿が、クラスの友だちの『次こそは』という闘志に、火をつけてくれていますよね。

　追いかけて来て声をかけてくれた子も、きっと同じような思いをしたことがあるのでしょう。かけた言葉はすぐには力にならなかったけれど、きっと口惜しさとともに彼の心に沁みつき、誰の言葉かも思い出せぬままに、彼を支えてくれるはずです。

　今はただ独りで、ぐちゃぐちゃな自分が壊れてしまわないように抱きしめ、向き合うしかないのです。魂から溢れでるような喜怒哀楽には、誰も触れることは許されません。そんな時、保育者は無力で、ただただ見守るしかありません。でも、一歩離れたその場所で、その子の"感情の躍動"に触れられる喜びは、保育者だからこその役得です。保育には、大人の出る幕がない場面がしばしばありますね。

おしゃべりタイム

ただ見守るばかりの保育場面は、ありませんでしたか？

事例 ②

すご〜い！やったね

"考える・試す活動"を保障する

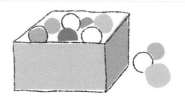

　1歳児の部屋には、82センチ×74センチ・高さ30センチのダンボール箱の中にビニールボールをいっぱい敷きつめたボールプールがあります。1歳児の子にとって30センチの高さは、相当に高いハードル。部屋の中にある別世界に興味を示し、歩けるようになった子どもたちはその世界を探索しようと、厚さ1センチに満たないダンボールにしがみつき、片足を高くあげ、なんとか中に入ろうと挑戦し続けます。

　今日の挑戦者は、クラスで2番目に小さい子。何度も足をダンボールの縁にかけるものの、またぎきれず、その足をおろしてはひと休み。そんな姿を息をこらして見つめる担任。手を貸したい気持ちをぐっとこらえて……。心の中で「がんばれ〜！」、「その足をもうちょっと前に」、「そこで上体をかがめて」と、一つひとつのコツを心の中で念じて。だって、自身の力でしか世界は広げられないから……。

　やっとの思いで中に入れたものの、勢い余ってバランスを崩し、うれしさどころかびっくりして泣きたい気分に

見守ることも積極的なかかわりですね。

なったそのとき、「すっご～い！」と称賛の嵐。そう、その姿を見守っていた大人み～んなが一緒になって、高さ30センチのダンボール箱を乗り越えたのです。

　子どもの楽しさやうれしさ・喜びに共感できる、職員集団でありたいなあと思っています。でも、共感にとどまらず、その子の挑戦を見守ることで、"やった！""できた！"の楽しさやうれしさ・喜びを共有し、"我がこと"として一緒に味わいたいなと思うのです。ぐっと、ぐ～っと我慢して……。
　　　　　　　　　　　　　　　　　　　　　　（田中康次郎）

> 声掛けの絶妙さ！

> この一体感が職員関係を結んでくれる。「一緒に」の形、手助けするだけじゃない。

世界をひろげるのは子ども自身

　子どもは、毎日大小さまざまな挑戦をしています。身のまわりのものを探し発見し試しながら、自分の世界をひろげています。見たり、聞いたり、なめたり、においを嗅いだり、触ったりと五感を最大限に活用しながら、子ども自身が主体的に行動しているのです。それを保育者が、邪魔してはいけません。余計なお世話はしない。手伝わないで、見守るのです。

　見守っていると、「あ～、そうしたかったのか」と気づいたり、一緒に挑戦しているようなドキドキ感を共有したりすることができます。

　ダイナミックな行動だけでなく、子どもの発見の中にもドラマがあります。未体験のものに出会うと、驚きと恐怖を感じながらも、好奇心が勝ると"おもしろそう"と寄っていきます。見守ることで、子どもの中にいろいろな感情がよぎるのを同感することができます。

　子どもが感じたり考えたり試したりすることを、保育者はかたわらでドキドキを抱えながら、じっくり保障していきたいですね。

おしゃべりタイム

　子どもの挑戦を見守ることは、時に危険との隣り合わせで、つい止めてしまうこともあります。そこを、ひと呼吸踏みとどまって見守っていると、「あ～、そうしたかったのか」と気づいたりして、子どもの行動を肯定的に捉えることができますよね。そんな経験を話し合ってみましょう。

事例❸ 真ん中に楽しさを

笑顔でつながる育ち合い

「劇ごっこをするから……」と呼ばれてこあら組（3歳児）へ。クラスで人気の絵本を劇ごっこにして、お母さんやお父さんたちに見てもらうんだとか。部屋には椅子がわりの積み木が一列に並べられ、入り口付近には段ボール箱が2つ。「前の席にどうぞ」と担任が声をかけると、どの子も笑顔で跳ね出てきます。サッと座る子。少し出遅れ、空いている場所を探す子。それでも座れずにいる子には、「ここにど〜ぞ」と友だちから声がかかり、もめごとの一つもなく全員着席。ありえないこあら組の姿にびっくり仰天。

楽しいことが始まるという期待感があるからこそですね。

名前を呼ばれた子が2〜3人で、列車にみたてた段ボール箱を押して、部屋を半周。そこで担任と「川があるどうしよう？」「橋を作ろう」といった掛け合いをしては、作ったつもりになって部屋を一周し、次の子に交替。全員が一周したところで、「次はひつじ組（3歳児）駅へ……」という担任のアナウンスで終了。列車を押さずに乗り込んでしまう子がいても、担任の仲裁や誘導を全く必要としないまま、みい〜んな笑顔で終了。こんな2歳児クラス、見たことない！　クラスで人気の絵本を元にした劇ごっこと

違うよ、乗らないよと担任が止めないのがいい！

のこと。"みんなが共有している楽しさ"を真ん中に置く
と、楽しくなくなることは、誰もしたくないようです。
　続けて楽器遊びも見てもらうというので、「本当にひつ
じ組まで行って、楽器を手に部屋に戻れば」と進言する
と、「それいいかも！」と実行。すると……やっぱり、み
い～んな笑顔で退室し、好きな楽器を手にして、それまで
以上の笑顔でこあら組に全員集合。担任を置き去りにして
……。もうひつじ組だね。　　　　　　　　　（田中康次郎）

行事は日々の延長線上の晴れ舞台

　どのクラスも、年が明けると急に成長を感じるのはなぜでしょう。"もう次のクラスに上がれるよ"と、子どもたち自身がささやいているようです。
　その時期に行われる発表会は、子どもも保護者も保育者もみんな笑顔になってしまいます。保護者に見せたいと張りきってきた子どもたちは、緊張しながらも晴れやかな笑顔を見せてくれます。それを見守る保護者や保育者は、子どもたちの成長を実感し、これまでの子育てや保育の苦労が報われたように感じられ、自然と笑顔と涙がこぼれます。
　それを見て子どもたちも、またまた笑顔がはじけます。中には感極まって泣いてしまう子もいます。そんな感情があふれる一日になるのです。
　笑顔であふれる発表会にするためには、保育者が発表会用の活動をおろすのではなく、子どもたちが日常的に楽しんでいる活動を、"見て楽しめる""見てもらうことを楽しめる"形に、コーディネートしていくことも大事です。
　子どもたちの笑顔は、日々の中で生じた保護者との小さな行き違いがあったとしても、その関係をつなぎ合わせ、ともに笑顔で見守る活力を与えてくれますからね。
　ところで、行事の目的は何でしょう？　子どもに何を期待しますか？　それは、子どもが普段では出さない改まり感のある力の発揮を期待しているのではないでしょうか。その力を発揮する中で、緊張感や達成感そして一体感などの感情体験を子どもたちに共有してほしいのだと思います。保護者参加の行事では、その一体感を子ども・保護者・保育者全員が味わうことができるようにしていきたいですね。

おしゃべりタイム

　自分の園の発表会は、なんという名称ですか？「生活発表会」？「大きくなった会」？
　その名称に込めた保育者の思いは何ですか？　また、他の行事も含めて、行事をどうとらえていますか？一度振り返ってみましょう。

事例 **4**

きんちょうしたのに ふざけなかったね

同化する子どもたち

　月に一回全クラスが集まりお誕生会を行う。誕生児が１人ずつ台に上がりインタビューを受ける場面があるのだが、12月の誕生会でそのインタビューを行っている時、私の横に座っていたこうた君が「つまんねーよな、たんじょうかいって」とつぶやいた。「どうして？」とたずねると「おばかみたい」と言った。

> **ここに 注目！**
>
> なぜこんな言葉を発したのか、そこがポイント！

　こうた君は、照れくさいとわざと荒ぶった発言をしたり、何をして遊ぶかわからない時や友だちの輪に入りたい時、友だちの嫌がることを行い「こうた君、やめてー」と言われることが多い。そのため「またこうた君が」とか「注意ばかりされるこうた君」とならないように、仲立ちの仕方に配慮したり、そうなる前に楽しめる遊びを提案したりしていた。

　夕方「お誕生会、つまんないって言ってたでしょ？　どうしてー？」「……」「来月こうた君お誕生会に出るでしょ、もしかしてインタビュー嫌なの？」「……」

　こうた君は注目された時にかなりの緊張でしゃべれなくなることが何度かあった。それがわかっているから12月の誕生会でインタビューされている友だちを見ながら、次の月は自分だという不安から、わざと「つまんねー」と言ったのだと思った。普段も悪ぶったりふざけたりするのも戸惑いの裏返しのように思える。

　話をしていくと、出たくないのではなく、言うのがイヤと言うことだったので『好きな遊びは？』とか『好きな物は？』の質問にペープサートのようにしてイラストを指さすことにしようかということになった。

> 寄り添ってもらえると、素直に気持ちを話せるのですね。

　当日誕生児が前に並んで登場。緊張しているのであろう前を見ず隣の友だちに必要以上に話しかけている。こうた君の番になった。しかし結局、名前も言えず、質問されてもイラストを指さすこともなく、何とか司会者のフォローでインタビューを終えた。

　誕生月の子の保護者も招待しているので、誕生会が終わった後お母さんがクラスに入ってきた。今日までの過程は伝えてあったし、出来なかったとしても、やってみようと思ったことを評価しようと話してあったものの、残念そうな表情だった。

> この保護者への配慮は不可欠ですよね。

　こうた君がお母さんに駆け寄り抱きついて、お母さんが話しかけようとした時、まなちゃんとちさとちゃんが駆け寄ってきて、こうた君の頭をぐしゃぐしゃに手で撫で回しながら「こうちゃんがんばったね」「うん、ふざけるのがまんしたもんね」こうた君が照れくさそうに「やめろよー」としゃがみ込む。

> できる、できないと違うモノサシで子どもは見ているんだね。

　お母さんが「えっ？　いつもふざけるの？　こう？」するとちさとちゃんが「そうだよ、はずかしいとふざけるの。おどったりねころんだり、べーってしたりね」。まなちゃんが「そう。だからがんばったの。」

　夕方お迎えの時に、担任とお母さんとで子どもってすごいと、2人で反省した。

（山下あけみ）

子どもの一番の理解者は子ども

　苦手なインタビューを乗り切り、安心の基地である母親に駆け寄り、抱きついたその瞬間に、「がんばったね」と声をかける友だち。それも、自分のことのように喜びながら。誕生会の間、どんな気持ちでこうた君を見守っていたのでしょう。きっと『ふざけないでね』と応援し続けていたのだと思います。彼の精一杯のガンバリを痛いほどに感じていたのでしょうから。だからこうた君の母が残念な気持ちを言葉にしてしまう間を与えずに、こうた君の"ほっ"を潰させてしまわないように「がんばったね」と声をかけたのでしょう。それはもはや本能！！　大事な友だちを守らずにはいられないのです。子どもってすごい！！

　つい、悪態をついてしまう子っていますよね。頻繁にそんな態度をとられると、大人も「なんで、いつもそうなの？」と言いたくなります。でもその「なんで？」を言葉にはせず、「でも、それじゃあ損しちゃうよ」と寄り添いながら、深く掘り下げていくことが必要ですよ。"照れ"や"困り感"の裏返しということも多いですから。

　子どもはしばしば、自他の区別がなくなります。"他人事"が"自分事"になってしまう。相手に対する好意が深いほどに、相手と"同化"してしまう。だから友だちのがんばりを、自分のことのようにではなく、自分のこととして喜べるのでしょう。そんな友だちの存在が、社会性を磨いてくれるのだと思います。

事例 ⑤

なんてステキな
年長さんたち

保育は子どもと作るもの

　3、4、5歳児の異年齢クラス。子どもたちはおやつを食べ終え、帰りの支度（コップや汚れもの袋などをリュックにしまう）を済ませると「帰りの会」まで絵本を読んだりして過ごしています。

　この日は午後から保育者が一人。まだ一人では難しい年少児たちの帰りの支度を廊下で手伝っていると、部屋の中からわらべ歌遊びの声が聞こえてきたのです。見ると年長児たちがみんなで声を掛け合い、いつも「帰りの会」をしているように輪になって座り、年少・中児に向かってわらべ歌遊びや手遊びをしているのです。しばらく見守っていると、「つぎなにする？」「あ、いいね」「きつねをくったらやります」「ど～ぞ♪　とんとんとん！　くるくるくる……♪」とこそこそ話し合いながら遊びを進めていきます。

　年少児の帰りの支度が終わった所でそっと室内に戻ると、保育者の視線に気づいた数人が先生役を終わりにしようかな……という仕草を見せたので、『続けて』とジェスチャーで送ると、『いいの？』という表情をし、照れながらもまた少し気取ったお姉さん顔に戻って遊びを続けます。年

この場面、ここまでずっと無言のままで心の通じ合い。いい感じ。

少・中児たちも楽しそうに真似をして手を動かしたり歌ったりしています。中にはお姉さんの膝にくっついて甘える年少児の姿もありましたが、誰も咎めることなく受け入れていました。ゆったりとした空気が漂っているのです。

　そこで、そのまま全て年長たちに任せることにしました。そっと明日の予定を記入してあるホワイトボードを指さすと、字が読める子が「さ・ん・ぽ……"さんぽ"だって」「さんぽだよ」とコソコソ話し、「あしたは"さんぽ"にいきます」と明日の予定を伝えます。そして「おとうばんさん、おねがいします」といつも保育者がする様にお当番さんに声をかけ、帰りのあいさつを行ったのでした。

> 日頃の大人の立ち位置が想像できます。子どもが『指示待ち』だとこうならない。

　帰りのあいさつを済ませると、みな園庭に向かったのですが、最後に部屋を出るさとちゃんが中心となって進めていたけいちゃんの肩を叩き、そっと「いろいろきめてくれてありがとね」と声を掛けていました。

> 頼り頼られ、横並びの2人の関係を感じますね。

　そろそろ帰りの会の時間かな？　今日は先生1人だから私たちで何かできるかな？　状況を見て、色々なことを考えて協力し合ってやってくれたのでしょう。その気持ちがとても嬉しかったと共に、まだ4月なのにそんなことまで出来てしまう年長児たちの頼もしさに感動した一場面でした。

(下田浩太郎)

時に子どもは大人の支援者に

　大人の手が足りないことを察した年長さんたちが、自ら年中・年少さんたちの面倒をみようと動き始めました。おそらくは数人で「センセーのかわりにやっちゃう？」なんて話していた声を聞きつけて、なんとな〜くみんなで「やろうやろう」という空気になって始めたのでしょう。だからそれぞれに、自分が苦にならない役割を担いながら、相談しながら進行していたのでしょう。その"ゆるさ"が心地よいのでしょうね。

　戻ってきた担任が、終わりにしようとする子たちに『続けて』とサインを送る計らいがいいですね。きっとどこまでできちゃうのか見届けたい思いと、この空気を一緒に味わっていたいという気持ちだったのでしょう。『いいの？』という反応の中には『私たちまだ子どもだよ』という念押しが含まれているように感じられます。『でもいいんだよね』というくすぐったいような嬉しさも。

　子どもたちの力をアテにし活動を丸投げすると、子どもたちは、自分ができそうな役割を自ら担い、みんなで協力をして成し遂げようとします。そんな活動の中でこそ、子どもたちは"役立ち感"や"達成感"を味わえるのだと思います。友だちへの「いろいろきめてくれてありがとね」は、そんな気持ちの表われですよね。

　子どもたちだけでできそうなことは、『どうぞ』と全て任せられる力量を、保育者は身につけたいですね。

事例 ❻

わたしたちにまかせて

頼もしい姿にうれしくなっちゃう

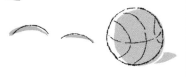

納得がいかないと絶対に従わない。「それはおかしい」「ちがうとおもう」と、はっきりと自分の思いを言葉で伝える。とは言っても2〜3歳の頃は「イヤ」「キライ」「バカ」と語彙が少ない中での反論だったので、こちらとしては思いを探るのに相当苦労した記憶がある。4歳になった頃には理屈で攻めてくるといった感じで、お母さんもおばあちゃんまでもが「本気でけんかしてしまう」とおっしゃっていた。無理に説得しても感情的になるだけなのでさよりちゃんの思いをたずねたり、こちらの気持ちや意見を伝えるようにしてきた。

ここに注目！

言葉に振り回されないところがいいですね。

そうしていくうちに、発表会や運動会の話し合いでは意見が分かれると、友だちの思いをたずねたり引き出したりしてくれるようになっていた。

年長になり、少々のトラブルは子どもたちだけで解決できていたが、こじれそうな時には早めに大人が介入していた。

運動会が終わり一週間ほどした頃、ドッジボールでしんや君とひろと君が言い合いになっていた（しんや君はささいなことでも熱くなり、手が出たりパニックになったりしていたため、ほとんど大人

先生は来ないで‼

え？

が仲立ちにはいっていた）。私は離れた所にいたが、（止めなければ）と一歩踏み出したところ、さよりちゃんが大きな声で「せんせいはこなくていいから！」と叫んだ。「えっ？」と返すと、こちらに走り寄り、小さな声で「だいじょうぶ、わたしたちにまかせて」と言い戻っていった。とは言われたものの気になるので、他のことに興味があるふりをしながら近づき様子を伺った。

そういわれたら大人の出る幕はありませんね（笑）

「あのさー、今のはひどいよ。まちがってるのはしんちゃんだけど、そんな言い方したらよけい泣くでしょ！　ひろと君あやまって！」とかなり強めにひろと君に言った。

子ども同士だからこそ、互いが納得し、解決する言葉を持っているのでしょう。

その迫力にか、怒っていたはずのひろと君は「ごめん」と言い、こういう状況なら泣き叫ぶことの多いしんや君が「いいよ」と言い、「しんちゃん、一回休んできなよ」とさよりちゃん。あきお君がしんや君をテラスに連れて行き休憩させた。その後何もなかったかのようにドッジボールは続き、しんや君もまた中に入ってさらに続いた。

クールダウンをうながすなんて、大人顔負けです。

そして、「ほらね」と言わんばかりのまなざしで、さよりちゃんがこちらをチラッとみた。あのときの「わたしたちにまかせて」の言葉は、（この子の時には子どもだけでは無理に違いない）という思いの私に対して、（いや、なめてもらっては困る）ということだったのかもしれない。

大人の助けを借りないで解決しようとした、さよりちゃん。目の前で子どもたちだけで長時間ドッジボールを楽しんでいる姿を見ながら、何とも言えない嬉しい気持ちになった。
（山下あけみ）

集団的自律にたどりつく子どもたち

「せんせいはこなくていいから！」の後に「今は私たち子どもだけの世界、だから大人は入ってこないで」という声が聞こえてきそうです。個々の"大人からの自立"が絡み合って、子どもたちによる"自治の社会"を営み始めたようです。

子どもは本来ガンコ！　なぜなら自分に対して正直だから。大人の都合や他者の思いより、自分の思いを大切にしたいから。自分のことで精一杯で、自分のことに一生懸命だから。そんな子どもの本質に寄り添い、つたない子どもの言葉や態度にとらわれることなく、その子の思いを言葉で丁寧に確かめ、自分の思いを伝えるだけの保育者の関わりが、子どもたちの"自治社会"を築く基礎となったのでしょう。子どもは自分がしてもらった"心地よい関わり"を必ず他者に返したくなりますから。大人から教わらなければ、事実と友だちの気持ち・自分の感想と意見を分けて伝えることなんてできませんよね。

社会って、一人ひとりを尊重する対等な関わりによって、築かれていくのですね。

事例❼ ごめんねは 魔法の言葉じゃない

堪忍袋の緒が切れて

友だちが大好きな5歳児の男の子。遊びたい、関わりたいがうまく遊びたい気持ちを表現できず、何度も抱きつく、友だちの後をついて行く、真似をするなどの結果、けんかになる。また、気になるといても立ってもいられず、何でも試し、常に元気いっぱいなよし君がいた。

絵本を読む際、クラスでの話し合い等で、誰かの耳を触る、寄っかかるなど話を聞いていないよし君の様子に友だちは怒り、友だち同士のやりとりでは、半ば笑いながら謝り、保育者が入りやりとりを重ね悪かったことを振り返り、「ごめんね」と言えるといった姿があった。

> 自己防衛の姿なのでしょうね。

何度言っても行動を改めないよし君に対して、あるとき3人の女子が「もうがまんできない！」とよし君を全員の前に連れてきて、「なんでやめられないの？　みんないやなの！　わからない!?」と3人で果てしなく怒鳴り、「ごめんねっていえばぜんぶおわりじゃないんだよ！　なにをしても、はい！　おわりってならない。ごめんねは、まほうのことばじゃないんだよ」と怒っていた。

> 友だちのことは、子どもたちが一番よくわかっている。だからこそのステキな助け船ですね。

するとクラスのしっかり者のれい君が「1回じゃむずかしいんじゃない」と話し、「そうかも。何回やったらいや

なきもちわかるの？　やめられるの？」と日頃のよし君の姿から「しょうがない」と言わんばかりに全員でれい君の提案に頷いていた。

　それ以来、トラブルがあっても「2回目まで」と「ごめんねはまほうのことばじゃない」を合い言葉に自分たちなりに話し、よし君もその空気感を次第に感じていたのか、相手の顔を見て、いやな行動をやめられる場面が増えた。しかし、3、4回とやりすぎてしまい再びみんなの怒りを買う場面では、よし君が「ごめんね」と言っても「ぜったいにいやだ！　ごめんねはまほうのことばじゃない。絶対に許さない」とやりとりが続き、鬼気迫る他の子たちの様子によし君は次第に笑ってふざけるかのような振る舞いが減っていった。ある日、笑って謝る友だちに「ごめんねはまほうじゃないんだよ」と言葉をかける姿があった。

　そこから、よし君は、相変わらずに友だちと距離感が近いこともあったが、笑って謝ることはなくなった。大人以上に子ども同士は互いを知っていて、そこを踏まえ、「2回までならいやなこといいよ」と受け止める姿やその提案を受けて、次第に友だちとのやりとりに変化のあったよし君に相互に認める力や生活の中で育つ仲間理解を身近に感じ嬉しく思った。
（松丸隆哉）

> 相手の性格をよくわかっているからこそ許せるし、友だちに合わせた解決方法を考えられるんだよね。

> 「いやだ」っていう選択肢もあるよに。

嫌なことは"イヤ"と言い合える関係

　子どもって、人を丸ごと嫌いになることはありません。迷惑な言動を「嫌だ！　やめて！」と訴えるだけです。だから鬼気迫るほどに怒りながらも、「1回じゃむずかしいんじゃない」という提案を受け入れて、「2回までならいいよ」と許容できる。おそらくは、友だちに嫌な思いをさせたいわけではないことが分かっているのでしょう。一生懸命我慢していることも。だから「練習していいよ」と向き合う。だって一度身につけてしまった関わり方は、すぐには修正できませんからね。ふざけるような振る舞いが次第に減っていったのは、そんな友だちの気持ちが感じ取れていたからでしょう。

　素敵な関係ですよね。子どもたち一人ひとりの思いをきちんと受け止め、友だちへと橋渡ししてきた保育がうかがい知れます。

　何度注意しても、好ましくない言動をくり返してしまう子に、「なぜあなたは……」と向き合ってしまうのは、むしろ大人の方かもしれません。誰だって"私"を否定する相手は好きにはなれず信用もできません。不信感は次第に人全般へと広がっていき、やがては「どうせ」と自分をも嫌いになってしまいます。気をつけたいですね。

　社会性とは、一人ひとりの"私"を尊重し、大切にし合える関わりの中で培われるものだと考えます。

　大人も指示をするのではなく、その子の思いを一つひとつ言葉で確かめ、"私"の一人として、自分の思いや考えを伝えながら、子どもと一緒に他者との心地よい関わり方を探していきたいものです。

事例 ⑧ 容赦ない手厳しさ

違いがあって当たり前

脳性麻痺、視力、聴力、アレルギーなど重度重複のハンディキャップがあり、車椅子で全介助の生活を送っているかなちゃん。

2歳児クラスで初めて担任した時は、状態に不安もあり、迎えの度に質問ばかりしていたが、嫌な顔一つせず丁寧に答えてくださるお母さんだった。

支援計画通りにはいかず、悩むことも多かったが、何かが出来るようになることよりも『保育園ってたのしいな』とかなちゃんが感じられることを一番に考えようと担任同士で話し合っていった。そして、大人の態度を見て子どもたちとかなちゃんが『障害児だから助けてあげましょう』という関係にならないよう『本児他児との自然な関係が育まれ、双方の成長を図る』と支援計画の長期目標に掲げた。

幼児になると大人だけではなく、子どもた

ちとも相談した。年長になると担任がかなちゃんには無理と決めつけていたことも、子どもたちから「出来る」と案を出され、大人が嬉しい反省をすることもあった。

子どもたちもかなちゃんがいることが当たり前で、椅子から降ろすことは保育者が担当していたものの、カーペットの上では左手と膝を器用に使ってかなちゃんを抱きかかえ、右手でおままごとの食器を扱い、ごっこ遊びの一員として、一緒に遊んだりもしていた。知らない人が見ると雑な扱いに見えたと思うが、かなちゃんは平然としている。子どもたちも危険なポイントはちゃんとおさえているのだ。

ある日の朝、お集まりで今日の予定を話していると、かなちゃんが声を出し始める。次第に大きくなり今度は笑い始めた。支援担当の保育者が「かなちゃん、今お集まりで大切な話しているから静かにね」と声を掛けた

かなちゃん！しずかに！

が、ますます大きな声で笑いだしたため、廊下に出ようとした。すると かなちゃんの隣の席にいたみくちゃんが「かなちゃん！　うるさい！　しずかにっ！」とピシャリと言った。話をしていた担任も一瞬『おおっ、厳しいなあ』と思うほどだった。かなちゃんはピタリと笑うのを止め、静かになった。そして顔を斜めに向けた。話を聞いている時にする仕草だ。

子どもは子どもに言われると効くんですよね。

　定期的に来ていた作業療法士がその様子を見て「いいですねー」と言った。「えっ？」と尋ねると「かなちゃん怒られてたでしょ。あの手厳しさ。他の友だちがうるさい時と同じ言い方されてましたよね。いいクラスになりましたね」と言われた。他にも、給食当番を一緒にしていた時に排便があり、担任より先に気付いた友だちが「えーっ、いまするうー？　せんせー、かなちゃんウンチー」とかなちゃんには無理に決まっていることを知りつつ文句を言った場面などもあげられた。

　お迎え時にお母さんに今日のことを話すと「コラーッ、かな。ちゃんと静かにしないから怒られたんでしょ」とかなちゃんに言い、「そういう関係、私は嬉しいです。来年からは特別支援学校に行くから。支援の必要な子ばかりの中で良くも悪くも大事にされる。特別扱いされないのは今だけかもしれない。おんなじ友だちになれてるのですね」とおっしゃった。

お母さんのこの思い！しっかり分かっていたい。

　その後3月までたっぷりと手加減なしの園生活を送った。

（山下あけみ）

子どもは誰とでも対等に向き合う

「うるさい！　しずかにっ！」の一言に、クラスの一員として対等な関係に支えられたまっとうな要求がつまっています。

　かなちゃんはどうして過剰なまでに笑い続けたのでしょう。自分一人の世界に入り込んでしまったのでしょうか。話しが難しくて飽きてしまったのでしょうか。それとも先生や友だちの気を引きたかったのでしょうか。本当の気持ちは誰にも分りません。それでもみくちゃんは「しずかにっ！」とたしなめます。そこには、かなちゃんのハンデに対するおまけは微塵もなく、むしろクラスから引き離されることを阻止するための一言のように聞こえます。「今は先生の話しを聞くとき。難しくて分からなくてもみんなの邪魔をしちゃダメ！　一緒にいられなくなっちゃうよ！」とメッセージしているように聞こえます。そんな友だちの思いを感じとれたからこそ、話しに耳を傾けだしたのではないでしょうか。そんな子どもたちの関わりが「コラーッ、ちゃんとしないから怒られたんでしょ」という、お母さんの手厳しい一言を引き出していますよね。

　何かができるようになることよりも、『保育園って楽しいな』と感じられるように、『障がいがある子もない子も双方の成長が図れるように』という保育者の思いと関わりが、そんな子どもたちとお母さんの姿を支えていますね。

事例 9

いいやつらばっか じゃんかよ

おまえだって知ってるだろ

年度も終盤に差し掛かった5歳児の2月のある日、修了式の練習で、ホールに行くために子どもたちが並んでいた。その中で、緊張からか前の友だちの耳に息を吹きかけたり、言った言葉のまねをするなどちょっかいをだしたよし君が前の友だちとけんかになった。それを見ていた周りの友だちが「今のはよし君が悪い」「耳がぞわっていやな気持ちだよ」「やめろよ」等、よし君を責める形で言葉をかけていた。

自分を責めるたくさんの声にいやになったのかよし君はクラス全体に向けて言うように「はっ！　本当にへんなやつしかいねーなこのクラス！」と空中に漏らした。私が注意をしに行こうとしていると列の後ろで、その言葉を聞いていたるり君が動いた。るり君は少し乱暴なところや落ち着きがない面もあるが、正義感や人情にあふれる子どもであった。

そんなるり君、すごい勢いで後ろから「ちょっとまてって」と前にでてきて、よし君の肩をつかんで、少し怒っているような口調で、「なにいってんだよ。たいちはやさしいし、こうたはいろんなこと知ってるし、じゅんは、ふき

ここに注目！

本当はそんなこと思っていないから、友だちに向かっては言えなかったんだろうね。

んをしぼるのがすっげぇうまいし」等などよし君が言葉の対象としたであろう友だちの良いところを一人ずつあげてよし君に語り、最後には両手を広げ、「いいやつらばっかじゃんか。いいクラスじゃんかよ」と締めくくった。その後も少し熱すぎるほどに友だちのよいところを語った。

　よし君は、始めは肩を持たれ、るり君をにらみつけていたが、るり君の言葉を聞いて、対象の友だちの顔を見つめるとうつむき、少しすると顔をあげ「ごめん」と謝った。友だちの良さをたくさん見つけているからこそ、よし君の言葉が許せなかったるり君の姿に感動しながら、何より説得力のあるるり君の言葉に自分の非を認めて謝り、その後は、団結して修了式の練習に取り組んでいた彼らを見て感動するとともに、年度当初はけんかばかりだったこの子たちが互いを知り、関わりが深まっていることを垣間見た嬉しい瞬間であった。　　　　　　　　　　（松丸隆哉）

> きっと、いっぱい助けてもらってきたんだね。

> そのなかによし君だっているんだよ。

> 自分だって、そう思っているんだよね。

> 大人が子どもたちの"けんか"をどう見るかで、子どもの姿って変わってくるよね。

"本気"が響き合う仲間意識

「やめろよ」と言う友だちの言い分の方が正しい。でも、よってたかっての状態となってしまったため意固地に……。ありがちな光景ですよね。大人が仲立ちをするべき場面ですが、年長児クラスの2月ともなると大人の出る幕はなし。年度当初はケンカばかりしていた子どもたちは、ケンカしながら一人ひとりの"良さ"を感じ取ってきたのでしょう。ケンカは自己主張のぶつかり合いですからね。なかでも少し乱暴で、落ちつきがないるり君は、友だち一人ひとりの"良さ"を痛感していたのでしょう。おそらくはるり君があげる一人ひとりの"良さ"に、みんながうなづいていたと思います。そして「お前だって知ってるだろう！」と言いたかったのだと思います。よし君だっていっぱいケンカしてきたはずですから。素直に「ごめん」が口をついたのは、そんな友だちの本気と絆を自覚したからだと思います。

　毎日一緒に生活し活動する中で、相手の"良さ"も"悪さ"も感じとっていく子どもたち。"良さ"で繋がり高め合うこともあれば、"悪さ"で繋がりハメをはずすことも。"良さ"を活かし合うことも、"悪さ"の修正を求めることもあります。そんな友だちが何人もいる"ここが自分のクラス・居場所"と感じられる状態が"絆"かも……。

　そこにはもちろん、担任も。

　今はもう、出る幕がない担任。でも今日まで、どれほど丁寧に一人ひとりの"良さ"と"カッコ悪さ"に向き合ってきたのかが、うかがい知れますよね。

おしゃべりタイム

本気でぶつかりあう、子どもたちのかっこいい姿を出し合ってみましょう。

事例❿ **ゆう君と22人の子どもたち**

どの子にも、あ〜楽しかったの毎日を

　ゆう君は、4歳クラスの12月から入園。他の人に関心を示さない様子が気になった。また、全てのことやものに怖がり、当初は園庭に出ることさえできなかった。食事は3、4、5歳がホールで食べることになっていて、そこでは怖がることはないが、落ち着きなく食べている状態だった。

　担任としては適度な距離感を保ちながら接するようにした。また、ゆう君が「やってみたい」と興味関心が湧くように、行事などは写真などを見せてイメージできるような工夫を心がけてきた。年長になり小学校に行くにあたって療育と関わりながら保育園生活をすすめてきました。

ここに注目！

運動会の入場門作り……たかし君

たかし「どうしてゆう君はできないことを『できない』ってちゃんと言えるんだろう」

保「できないことを自分で知っているからじゃない？　隠さなくても大丈夫と思っているからじゃない。入場門も絵は私が描いて、自分でできる色塗りや切って貼るのをしているよ」

ゆう「できた！　うれしい！」楽しそうにやっている姿を

そこに気づける仲間関係がステキ。

たかし君はどんな表情で見ていたのでしょうね。あこがれかな？　うらやましさかな？

見て。

たかし「できない、って言うのは大切だね」　……しばら
　　　くたって。

たかし「ぼくはさ〜絵は描けるけど切るのができない。苦
　　　手なんだ」

保「知っている。さっきカブト虫の足を切っちゃって、
　『もーっ！』って怒っていたよね。難しかったの？」

たかし「うん」

保「そういう時は、どうしたらいいか聞くことも大事だ
　ね。私も友だちもどうやったらできるのか一緒に考え
　たりしてあげるよ」

たかし「うん、聞くようにする」

> 自分の強みをわかっているか
> らこそ弱音も言える。でもそ
> れは、この仲間たちや保育者
> との安心できる関係があるか
> らだね。

ままごと……さやかちゃん

　遊びの時、自分の考えを強く押してくる子の言いなりに
遊んでいた姿から、少しずつ遊ぶ友だちを替えていく姿が
見られるようになってきたゆう君。

　ある日の夕方。

とも「さやかちゃん遊ぼう」と声がかかるが、

さやか「ゆう君と遊ぶ」

とも「昨日遊ぶって言っていたのに、も〜」怒っていた。

ゆう「粘土しよう。さやかちゃんと遊ぶの楽しいな〜」

さやか「いいよ」とやり始める。粘土の準備も二人は楽し
そうだ。始めはそれぞれ好きな物を作っていくうちに、

ゆう「ラーメンができたよ」

さやか「ラーメンに野菜をいれたら？」

ゆうは、野菜を作れなかったのか、さやかに頼んでいる。

さやか「できたよ。これでいい？」

ゆう「ありがとう！」

　このことがきっかけになり、ゆう君がみんなに注文を取
り始めた。始めは頼む人が決まっていたが、急に「焼き鳥
もあります」と言い始めると、みんなが注文をし始めた。
ゆう君はうれしくなってきたのか、

ゆう「さやかちゃんがんばって作って！」

さやか「分かっている！」

　ゆう君が急に紙を持って来て、何かを書き始めた。

ゆう「これメニューだからこれで注文をとってきて」

さやか「いいよ」　紙を見ると文字は書かれていないで
「レレレレ」と紙いっぱいに書かれている。

　さやかちゃんはどうするのかなと見ていると、その紙を
見て始めは戸惑っていたが、それを持って注文を聞きに
行っていた。みんなも一心紙を見るが、適当に「塩ラーメ

> ここは想像力で補ってしま
> う、大人が及ばない力だね。

ン」「焼き鳥、塩で」と注文をしていた。

ゆう「はいーっ！　だんだん忙しくなってき
たな～うれしいね～。みんな僕のラーメンが
好きなんだ」

とはしゃぎながら作っていた。

遊び終了後、さやかちゃんに「どうして約
束していたともちゃんではなくてゆう君と遊
んだの？」と聞いてみた。

さやか「だってゆう君はイヤなことは言わな
いし、ありがとうとかごめんねと言ってくれ
るから。ゆう君と遊ぶと楽しいから」と言っ
ていた。

この遊びは、次の日からもゆう君がさやか
ちゃんを誘い3～4日続いた。ともちゃんは
その話を聞いていたのか、少しずつだが、友
だちの話を聞いて折り合いをつけて遊ぶよう
になってきた。

すごろく

オセロ、トランプ、ぼうずめくり等々の中
で、ゆう君がはまったのは「すごろく」。し
かし、サイコロの目の数を覚えたり、コマの
進ませ方を覚えたり、止まった所の文字を読
んでそれに従うことなど、ゆう君にとって
は、覚えるのが大変なのに、なんですごろく
なの？　と思っていた。

土曜日保育はあさひ君を中心に教えること
が始まった。あさひ君には折り紙など何でも
教えてもらっているので素直に聞いている。
その日から毎日、部屋でもおばけすごろくを
やるようになった。今日も、

ゆう「ね～あさひ君、すごろくやろう」と友
だちを誘ってやり始めると、「ぼくもやる」
「私もやる」という声が聞こえて次つぎとゆ
う君の周りに集まってくる。

ゆう君はまだサイコロの目の数を覚えきれ
ていないので、分からなくなってしまい、進
むことができない。

あさひ「違うよ。5だからここだよ」

ゆう「そっか～ありがとう。あさひくんはすっ
ごいな～。みんな教えてくれてうれしい‼」

ほめられるとあさひ君もうれしいのか、ゆ
う君に付き合って教えている。

毎日毎日毎日すごろくをやったので、すっ
かり覚えて今度は一人ですごろくをやるよう
になった。

保「一人でやって楽しい？」

ゆう「たのしいよ！　だってできるように
なったんだもん」

文字は読めないので全部暗記している。ま
たサイコロの数も分かるようになっていた。

ある日3歳クラスの子がやろうとすると、
ゆう君が「分かる？　僕が教えてあげる」と
言い、初めて自分からルールを教えてあげて
いた。

縄跳び

運動会に何をしたいのか話し合い。縄跳び
をやることになる。

自分では跳べると思っていた走り縄跳び
だったが、実際やってみると跳べなかった。

ゆう「走り縄跳びはできん。とべん」

とも「じゃ～見ていてね」

ゆう「分かった」

走り縄跳びの練習が始まり、毎日毎日毎日
見ていた。

保「跳べる？」

ゆう「……」（首を横に振る。）

ある日の昼食時。ゆう君のグループの子た
ち。

とも「いつになったらゆう君跳ぶんだろう」

りょうた「運動会でみんなと走り縄跳びが跳
べないよね」

くみ「大縄は跳べるから大丈夫だよ」

みゆき「ゆう君まだイヤなのかな」

はやと「走り縄跳び、跳べるといいな」

　ある日の練習時……自分の番が来たとき急に立ちあがって跳び始めた。（みんな黙って見ていた）

とも「そうそう、ゆっくり」

他の子「いいよ」「がんばれ」「がんばれ」

　縄を回すより走る姿が多かったが、なんとか一周できた。恥ずかしかったのかさっと座る。拍手が起きた。

保「できたね」

ゆう「できた～！」

　いろいろな行事などをゆう君が分かるように工夫をしてきたことが、振り返ると他の子どもたちのためにもなっていたように感じる。ゆう君の一生懸命さや素直なところを、周りの子ども達が認め始めていくようになった頃から、少しずつ分からない事や出来ない事を素直に友だち同士言えるようになってきたり、また、どうやったら解決ができるのか考えたり、励まし合ったりする姿が増え、子ども達の関係が少しずつ深まってきたように感じた。

（藤田朋子）

保育は感情の連鎖を生み出す

　できないことを"できない"とそのまま言えるのは、"できる・できない"で評価されずに、できないことを事実として受けとめてもらえ、できるようになるための練習の仕方を教えてもらえているからですよね。困ったときに「助けて」と言えることが大事。でもその一言を言いづらくしているのは、案外、大人の対応かもしれません。

　できないこと、分からないことを教えてもらい、できるようになること、分かることは嬉しいことです。だから素直に「ありがとう」が口をつく。教えた子は、感謝される喜びを得られる。教わった子は、いつか誰かに教えたくなり、その準備をすることで、いつか自分も"センセー"となれる希望を抱く。そんな嬉しさや喜びと希望の連鎖を作っていきたいものです。そうした"感情の連鎖"は、保育園だからこそできる体験ですし、どの子も"感情の連鎖"の経験を積むことができているかどうかが、保育を振り返る視点の一つになると思います。

　誰だって弱さの一つや二つ抱えています。それを"ただの事実"として受けとめ、一般的な発達段階の姿に捉われず、今その子が身につけている能力に合わせた関わりをすることで、一人ひとりの能力を高めていくことが、ひいては、クラス全体の力を高めていくのだと思います。

　「できない」・「分からない」・「教えて」・「助けて」をためらいなく言えるためには、「練習すればいい」・「調べればいい」・「手伝うよ」と向き合ってもらえる大人や友だちの存在が欠かせませんよね。

子どもをつくるのは子どもたち
～「見極め」て「見守る」～

「学ぶ（まなぶ）」は「まねぶ」と同じ語源を持ち、「まねる」ことに始まるといわれています。この語源の通り、子どもは仲間や保育者を「まねる」ことを通じて学び、育ちます。

鉄棒の前に立ち、前回りをしようと試みるＡちゃん（３歳児）。お兄さんお姉さんがくるくる回っている姿を見て、自分もやってみたいのですが、まだ跳びついて登ることは出来ず、鉄棒に手を掛けたまま立ち尽くしていました。

すると、その姿を見ていたＢちゃん（５歳児）が「てつぼうやりたいの？」と声を掛け、「しっかりもってね」と鉄棒を握らせました。すかさず近くにいたＣちゃん（５歳児）がその場で四つ這いになり、「せなかのっていいよ」と踏み台になってくれたのです。みんなに見守られながら５歳児の背中に足をかけ、くるっと回ることができたＡちゃんは、「すごいじゃん！」と褒められとてもうれしそうでした。

お迎えに来たお母さんお父さんにも「まわれたよ。たのしかった！　ＢちゃんとＣちゃんがてつぼうにのせてくれたから！」と興奮気味に話していました。

教えてもらった３歳児は、鉄棒の握り方、体の使い方などを知り、出来るようになった達成感を味わえましたが、同時に、気持ちをくみ取ってもらえたうれしさと、５歳児たちの優しさを感じたことでしょう。

救いの手を差し伸べた５歳児たちもまた、他者に教えることで自分が学んできたプロセスを改めて確認し、自分の技術を確かなものにしたことでしょう。そして、教えてあげられるようになった自分、頼られるようになった自分を実感し、満足感や自尊心も高まったことでしょう。

一見すると、支えてもらった子が恩恵にあずかったように見えますが、実は支えた側も「徳」を得ているのです。教えられる側も支える側もどちらも学び、どちらも育つのです。

この実践が「保育者が設定した鉄棒遊び」と質的に違うところは、子どもが自ら挑戦しようとする姿勢を５歳児たちが自らの意思で支えている点です。もちろん保育士は手を出せなかったわけではなく、手を出さずに見守っていたのです。その時にその場にいた５歳児が、３歳児の思いを汲み取って、これまでの自分の体験の記憶を総動員しながら対応している姿に「これなら大丈夫」と「見極め」られたから、「見守る」判断を下せたのです。ケガにつながるような危険があるようだったら間違いなく止めに入っていたことでしょう。

この場面では、挑戦しようとする、それに気づいて支えようとする両者の気持ちと行動に、保育者が「見極め」て「見守る」という姿勢で臨んだことで、互いに学び合えたのです。子どもたちが主体的に活動しているとき、保育者はまず「見極め」、必要に応じて「見守る」。この関わりが重要だと思います。

他にも、ことの成り行きやその先の育ちを「見通す」ことや、最後までやりきる姿を「見届ける」こと、支援や指導に入るタイミングを「見計らう」こと、この子なら任せても大丈夫だろうと「見越し」たり、よく見て可否や真意や善悪などを判断する「見分ける」、状況によっては見て見ぬふりをする「見過ごす」など、保育者は様々な関わりを場面に応じて使い分けることが必要になりますが、すべては「見極める」に通じます。

＜第4部　任せることで育つ子どもたち＞の実践の中にも、「見極め」て「見守る」関わりが多様に見られます。②『すご〜い、やったね』では、ボールプールに上ろうとする子の姿を見て手を貸したい気持ちをぐっとこらえて見守り、⑤『なんてステキな年長さんたち』では、年長さんが自ら帰りの会を進めていく様子をみて「『続けて』とジェスチャーで送り、そのまま全て年長たちに任せることにしています。

⑥『わたしたちにまかせて』では、「せんせいはこなくていいから」と言われたものの「他のことに興味があるふりをしながら近づき様子を伺ったり、⑧『容赦ない手厳しさ』では、友だちの「かなちゃん！　うるさい！しずかにっ！」という言葉に一瞬「おおっ、厳しいなあ」と思いつつも見守ることで、かなちゃんは笑うのをやめ、話を聞く仕草になっていきました。

これらの関わりは、事の成り行きをただだ傍観しているのではありません。そこに至るまでの子どもの様子を把握し、その場の状況と過程を考慮したうえで、子どもたちの力を信じて、すなわち「見極め」て見守ってい

るのです。不要な声かけや手出しはしない。「見守る」という関わりは、見た目は消極的に見えるものの、保育者の内面では多様な思いが交錯しているきわめて積極的な関わりなのです。

私たちが子どもの姿や関わりを「見極め」て「見守る」のは、子どもたちの生活をつくる主体は、誰でもないその子、その子どもたち自身だからです。自分や自分たちが、何を、いつ、誰としたいのか。それを決めるのは常に子ども自身であるべきだからです。

思いを言葉で主張することが難しい時期の子どもに、保育者は「こうしたかったんだよね」「いやだったよね」と言葉にならない気持ちを受け止め、言葉にして返していきます。これなどは子どもが決める姿を保育者が尊重する行為の典型ですが、そういう経験を繰り返し、自分の気持ちを言葉で伝えられるようになった子どもは、やがて友だちの気持ちにも目を向けられるようになります。仲間と意見を出し合い、時にはぶつかり合う中で、意見の違いに気づき、考える幅が広がります。

（下田浩太郎）

保育と民主主義
～自分たちのことは自分たちで決める～

　鬼ごっこをしていた子が走り出そうとして、しゃがんでいた子にぶつかってしまった場面。痛くて泣く２人を中心に、仲間が駆け寄ってきました。
「どうしたの？」「ぶつかっちゃったの？」と仲間が聞くと、
「よそみして、はしってたからぶつかったんだよ」
「だって、おにからにげようとしてたんだもん」
とそれぞれ主張します。すると、
「にげてたなら、しかたないよね」
「でも、よそみしてるとあぶないよ」
「まわりに、ちいさいこもいるし」
「ふたりともわるいよね」
「ふたりともわるくないよ」
「じゃあ、ふたりともあやまれば」
……２人の気持ちを考えながら、どうしたらいいかをみんなで考えていました。

　子どもたちが導き出した答えは、時に、大人から見れば「正しい」とは思えないこともあります。でも、その答えは子どもたちが考え合って導き出した、かけがえのないものです。うまくいかなかったらまた話し合えばいいのです。そうやって、「自分たちのことは自分たちで決める」経験を積み重ねることで、その能力は向上し、協同し、自治する集団へと高まっていくのです。

　「民主主義」とは、すべての人間の自由と平等を尊重する立場のことをいいます。絶対的な権力を持つ人が全てを決定したり従わせ

る「封建主義」や「君主主義」に対し、その集団の構成員が等しく権力を持ち、その権利を自ら行使するのです。

　誰もが自分の意見を持ち、それを自由に表現し合いながら、自分たちのことを自分たちで話し合って決めていく。そうした民主的な関係をめざすことが、保育における大きな目標のひとつだと考えます。保育者は大きな力を持っています。そして、その力を行使して「君主」のようにふるまうことも可能です。保育者がどのような立場をとり、どのような関係、集団を目指していくかでその関わり方は大きく変わるのです。だからこそ、保育においても「民主主義」を、民主的な関わりを、ことさら大切にしなければならないのです。

　遊びや行事、当番・係活動などいかなる活動でも、計画する時、困ったことが起きた時、必要になるのは話し合い活動です。その際に、あらかじめ大人が決めた意見に誘導したり、よく発言する子の意見ばかりが優先されていては民主的な話し合いとは言えないでしょう。少数意見であっても一人ひとりの要求が大事にされ、その思いをわかって共有する過程と関係をいかにつくれるかが求められます。

　異年齢クラスの「お店屋さんごっこ」に向けての話し合いの場面です。事前に４、５歳児で話し合ってお店を決め、後日３歳児も加わり自分の担当したいお店を選んで手をあげました。全員が決まったかと思い、数えてみると、一人足りません。「誰かあげていない

人〜？」と聞くと、「……はい」とおもむろに手をあげたD君（3歳児）。理由を聞いてみると「……Dは、ポテトやさんしたい」とのことでした。確かにお店の中に、ポテトやさんはありません。

そこでどうしたらいいか皆に聞いてみると、「ほかのたべものやさんでうればいいよ。おすしやさんにもポテトもまわってるし」とE君（5歳児）が提案してくれ「いいよ、いいよ」とお寿司屋さんのみんなも快諾。こうしてD君は無事にお寿司屋さんに「ポテト係」として仲間入りできたのでした。

子どもたちは新たな意見を否定せず、決めてきたことを活かしながら柔軟に解決策を導き出しました。保育者もまた、子どもから出てきた提起をそのまま子どもたちに投げかけ、対応を託しました。「民主主義」は、普段のこうした保育の中に、何気ない日々の話し合いの中に息づいているのです。

クラスの約束事もまた、保育者が決めた約束を子どもたちに伝えて守らせるのか、起きた（起きそうな）問題をみんなで話し合って約束を決めていくのかで、子どもたちの意識は大きく変わってきます。どうしたら問題を解決できるかを考え、それぞれ意見を出し合い、みんなの合意のもと決められた新たな約束は、一般のルールではなく、自分たちで決めたものです。自分たちで決めたからには自分たちで守る必要があります。もちろん、年齢や発達によってその形は変わりますが、みんなで決めたことはみんなで守る、義務が生じるのです。それがふさわしくないものであったならば、再び話し合って作り替えればよいのです。この繰り返しが民主的な関わり

の原点になります。

人間は「社会的動物」と言われています。人は誰しも他者との関係の中を生き、その中で思考し、成長していくのです。私たち保育者は、豊かな生活と遊びの中で、支え合い育ち合う子どもたちを、時に見守り、時にそっと背中を押しながら、民主的で自治的な集団へと育っていく道のりを共に歩んでいきます。

それは集団ありきで大人がつくり上げたものに子どもを従わせるものではありません。一人ひとりの思いが尊重され、安心して気持ちを表現できる関係の中で、子ども同士の思いが響き合うことで、仲間意識や連帯感、信頼関係が深まっていくのです。そして、その中で個が育っていくのです。個の成長が集団の成長に関わり、集団における活動が個の成長を促していく、それは縦糸と横糸が織り成されていくように、相互に関係していくのです。

発言力のある人や力の強い人が全てを勝手に決めるのではなく、違うと思うことには違うと声をあげられる空気感や関係性の中で、自分たちのことを自分たちで決めていく。話し合い、分かり合い、認め合い、育ち合いながら民主的で自治的な集団をつくりあげていく力は、違いを認め、互いを尊重し合う民主的で自治的な社会を構成していく力へとつながっていくはずです。
（下田浩太郎）

自治（集団的自律）の世界に生きる子どもたち

　自治とは、「自分あるいは自分たちに関わることを、自分や自分たちで決めて治めること」です。保育の場面においては、「自分あるいは自分たちで自分や友だちのことを考え、話し合い、みんなが心地よく過ごせる関わりを定着させていくこと」と私は位置づけています。集団的自律と言い換えてもいいでしょう。

　担任が年少児のお支度に手をとられていると、担任に代わって年長児が話し合いながら、他の年少児・年中児たちが退屈しないようにと、わらべ歌や手遊びをして楽しませる。さらには、無事、帰りのあいさつを済ませると、中心的役割を果たしてくれた友だちにお礼を言う（4部事例⑤　なんてステキな年長さんたち）といった子どもたちのやりとりからは、子どもたちは確実に自治の世界を築きあげる営みにいそしみ、楽しんでいることが感じとれます。また、「せんせいはこなくていいから！」「私たちにまかせて」（4部事例⑥　わたしたちにまかせて）といった姿からは、自治の世界に生きることを望んでいることが感じとれます。

　その営みは、乳児期から綿々と続き"依存"〜"信用"〜"自立"〜"自律"〜"自由"を経て"自治"へと繋がり、やがては"権利と責任"を得た社会人（市民）にたどり着くのだと思います。

　子どもは子どもを求めます。自分で移動ができるようになると、傍にいる子どもをみつけ、近づいて行きます。そして表情や発声などで話しかけます。すると相手も同じように表情や発声などで応え、会話が始まり、関わり合うことを楽しむようになります。

　やがて気の合う相手ができ、一緒に過ごしたがるようになります。二人で寄り添う姿は実に可愛らしい。もちろん噛みつき・ひっかき（3部事例⑦　また、かみつきを止められなかった）といったトラブルも起こします。でもそれは、思いの違う自己主張をぶつけ合いながらもなお、一緒にいたい気持ちの表れです。次第に一緒にいたい相手は増えていき、数人で"おんなじ"を楽しむようになり、互いに"まねっこし合う"ことを面白がるようになります。

　ところが4歳を過ぎるころから、少しずつ様相が変わってきます。一緒に過ごすこと自体を楽しむのではなく、好みや考え（尺度）が同じ相手とやりとりすること、遊ぶことを楽しむようになります。さらに5歳を過ぎるころから、やりたいこと（目的）が同じ相手とやりとりすること、遊ぶことを楽しむようになります。なぜなら、友だちと一緒に活動する楽しさを充分すぎるほど経験してきたことで、"やりたいこと"は少しずつ、自分の力だけでは実現不可能な内容に膨らんでいくからです。そんな心模様が（2部事例⑫　いちごさんは、入れてあげない）によく表れています。

　複数で同じ目的を達成しようとすると、自ずと役割を分担し、段取りを組むようになります。役割は、誰もが得意なこと、苦になら

ないことを担おうとします。それで丸く収まれば、自分の力が発揮できた喜びと、目的を果たせた達成感を得られ、同時に不得意なこと、苦手なことを担ってくれた友だちに、感謝と敬意の気持ちを抱きます。

　逆に役割分担が上手くいかない場合や段取りを組む際には、話し合いをする必要に迫られます。話し合いでは、自分の意見を伝え、友だちの意見を聴き、すり合わせていかなければなりません。（2部事例⑮　今年のおみこし何にする？）のように、その中で一人ひとりが、自己を主張し、友だちを認め、折り合いをつけるやりとりをくり返していきます。人数が多くなるほどに、役割分担は細分化し、段取りも緻密になり、意見は多様になるため時間がかかるようになります。しかし、話し合いに時間を取られた分、目的を遂行する時間は減っていきます。そのことに気づくと、一人ひとりが少しずつ妥協し、折り合いをつけるようにするか、より現実的で実

行可能な提案を採用するようになります。このやりとりが生みだすものこそが、「自分あるいは自分たちに関わることを、自分や自分たちで決めて治めること」を体現した、子どもたちによる自治です。

　しかし、なにごとにもお手本が必要です。子どもたちが真似ることができるお手本は、今、生活している場に存在する"大人社会の自治"です。「自分たちで決めて治める」ことは、自ずとルールとなります。つまり大人が決めたルールが、"子ども集団の自治"のお手本となるのです。お手本ですから、（1部事例⑫　くつろぎすぎ？）のように目的や理由が明瞭な、民主的なルールでありたいですね。

　なぜなら、お手本のルールを土台に、自分たちに見合ったルールを創りあげていくからです。

　子どもたちは、遊びの中で身につけた力を

日々の生活の中に落とし込み、定着させていきます。様々な遊びを通して身に着けた種々の力を、日々くり返す日常の中に応用していくのです。失敗や間違いが許される遊びの中で、少しずつ"みんなが心地よく過ごせる関わり方"を修正しながら学び、身につけ、発揮することで、自分たちの自治の世界を築いていくのです。子どもは支配されることを望んではいませんから。

「どうしてゆう君はできないことを『できない』って、ちゃんと言えるんだろう」（4部事例⑩　ゆう君と22人の子どもたち）といったように、子どもは子どもたちの中にあって互いに刺激し合い、学び合いながら、自ら成長するのであり、一人で大きくなれる子はいません。もちろん、大人との関わりだけで成長できる子もいません。

肝心なのは、"子どもたち一人ひとりが目的を持てる保育"をすることと、"その目的を限りなく膨らませられる保育"をすることだと思います。

目的とは、「友だちとあそびたい」「三輪車であそぼう」「縄跳びをしよう」「劇の練習をする」など、その子の"心づもり"とも言えると思います。

そのためには乳児期から、本人が夢中になれる"一人遊び"を5歳児クラスになっても保障し、得意なことを身につけ、磨きをかけて友だちからも認められることで、自信をつけてもらうこともとても大切です。なぜなら、自信がなければ責任をもって意見を言うことも、役割を担うこともできないからです。

併せて（1部事例④　みんなではなせてうれしかった）のように、事前に大人が結論を出している話し合いに誘導しないこと、つまり大人にとって都合の良い集団作りをしないことです。なぜなら、言葉を尽くし、とことん話し合わなければ、自治は築けないからです。子どもたちが作りだす自治の世界は、幸せを体現した世界であり、自治の世界を作りだそうとするやりとりを大人が邪魔してはいけません。

とはいえ、（4部事例⑨　いいやつらばっかじゃんかよ）のように、おふざけが過ぎ、友だちから拒否されたことに腹を立て悪態をつくといった、「なにやっているんだ」といった姿も多々ありますが、それも大切にしたい経験です。なぜなら、そんな言動をたしなめる友だちとのやりとりによって、どの子も自分の言動を振り返り、修正していく機会にもなるからです。

ただし、子どもたちが築ける自治の世界は、保育園という限定された社会の一部においてにしかすぎません。築けるのは"社会"ではなく、「せんせいはこなくていいから！」「私たちにまかせて」といった、大人の介入を拒みながらも、なお大人に見守られ、支えられていることで成立する、"ごっこ"の延長のような子どもたちの"世界"なのです。つまり、子どもたちが大きくなるためには、大人の関わりも欠かせなのです。

子どもたちが築く"自治の世界"を見守り、その中で自らルールを作り・守り・自分を活かす経験を保障することで、いずれ参画する社会に適応しつつ新たな社会を築く力＝"社会性"を身につけられるように、やがて自らを活かし、"社会を築く一人としての喜びを味わえるように"と保育をしていくことが、子どもたちの未来を支えるのだと思います。

（田中康次郎）

保育を"自分たちの言葉"で語る自負
加用さんへの感謝

　この本づくりを私たちと共に歩んできた加用文男さんが、原稿の推敲作業が終わろうとしていた2022年７月、突然の病におそわれて急逝されました。

　「保育を実践者の言葉で語ろう」と始まった勉強会。正解を学んだり導き出すのではなく、各々が、「実感に基づいた自分の言葉」で討論する日々が続きました。数年後、発達心理学者の加用さんも参加してくれるようになりました。毎回、保育者とは違った視点から"意見"、というより"感想"を聞かせてくれ、「なるほど！」と視野を広げてもらえたように感じています。必ず、「僕は実践者ではないので、よく分からないのだけれど」と前置きをして話されます。

　そこには研究者として、各人の実践や考えを"評価する"または"まとめる"姿勢は微塵もなく、ただただメンバーと論議することを楽しんでいたようにも感じています。

　やがて本を作る方向で、事例とコメントを整えるようになり、無謀にも論考まで作成することになりました。するとにわかに、それぞれの単語の使い方や表現の差異に違和感を覚え、論議が論争的になったのです。仕方のないことです。事例やコメントとは違い、論考となれば、自分の思いや考えを自分の言葉で描きつつも、自分たちの論として伝えていくことになりますから。言葉の共有を求めたくなるものです。しかし、そのためには膨大な時間を要し、とても数年で行なえることではありません。

　他者と言葉を共有していくためには、言葉を"相手の言葉"と"自分の言葉"そして"一般的な表現"の三種に仕分け、意識的に使い分けていくことが必要です。なぜなら同じ単語を発しながらも、その単語が指し示す内容は、各々の経験や感覚によって違うからです。

　言葉を共有するためには、まずは、その人がその単語に抱く印象や感情、その単語に込めた思いや意味を探ることで"相手の言葉"を理解することが必要です。

　加えて、相手が込めた思いや意味を多くの人が了解する"一般的な表現"に置き換え、相手に齟齬の有無を確認することで、相手と自分を繋ぐ架け橋を作ることが必要です。

　そのうえで、相手の思いや意味を"自分の言葉"にして伝え、その単語を選ぶ理由を説明することで、自分の考えを伝える作業が不可欠です。その、一連の"やりとり"を立場

を入れ替えながらくり返すことで、言葉はようやく共有されていくのだと思います。

　"やりとり"をする際に肝心なのは、正解を求めず"相手の言葉"を否定しないこと。相手と全てが一致する言葉なんて、まず存在しません。話し合うメンバーが多くなればなおさらです。つまり言葉は、部分的にしか共有できないのです。

　"それで良し"とし、"相手の言葉"を理解するための"自分の言葉"を増やしていくことと、"自分の言葉"を理解してもらうための"一般的な表現"を併せ持つことで、共有しきれない部分を許容し合うことに、他者と議論する意義があるのだと思います。言い換えれば、実践者同士で"対話"を重ねることが肝要なのです。

　加用さんは実に謙虚に、しかしながら真のある"自分の考え"をたくさん伝えてくれました。加用さんから送られてきたメールの一文を紹介します。

　我々地球がある、太陽系が属している天の川銀河。この銀河の中心から届いている、エックス線の強さによると、中心部にはとてつもなく大きな質量の物質が存在することになる。それは観測される星の数、そしてその質量の総量をはるかに超える。従って、銀河系の中心部には、観測されない非常に大きな何かがあることになる。巨大ブラックホール、あるいは暗黒物質などが考えられる。

　なんていう話しを我々素人が聞くと、そうなんだぁ、と分からなくても納得するしかありません。事実を知っているのはその道の専門家なのであり、その人たちが言うのだから…。こういうことは多くの科学分野、特に自然科学では特徴的で、コロナウィルスでも、このウィルスの特徴はこれこれで…、と言われると、そうなんだ、とこれも納得します。分からなくても。

　自然科学ではありませんが経済学でも、今年の物価指数はとか、この10年来の指数の変化は……日経株価平均の変動によると……なんてのも、その道の専門家諸氏の独占物です。つまり、その分野の「『基本事実』を知っている、あるいは知り得る立場にいる人」、これが専門家と言うものなのです。

　で、保育はどうでしょうか？　確かに保育に関わる法令、全国の保育所の実態（面積、定員、保育士数などなど）は、その道の専門家の人たちの示す事実、これに依拠します。

　でも日常の保育の実践そのものになると、これはどうでしょう。関わる分野、教育学や心理学、こういう分野の研究者たちが、この実態の基本事実を知り得ている人たちと言えるでしょうか？

それはあり得ないことです。ちょこっと園に現れて（中略）得られた事実をもって「発達」とか「保育の基本事実」と言えるわけがないことは自明です。そういう研究者たちが、保育の日常の「実態」を調査したりしても、それは極めて表面的な浅い事実を集めることしかできません。

そうなると、保育実践に関わる「基本事実」をつかんでいる、つかむことのできる立場にいる人、は誰でしょう？

保育に関する限り、その実践を科学できる専門家は、保育者以外にはいない、これが素朴な真実というものなんだ、ということは是非、心にとめておいていただきたい、と思っています。（2021.9.26）

タイトル案、ズバッと「保育実践を科学する」ではだめですかね。保育という営みを科学するということはこういうことなんだ、保育の実際のリアルな事実に立脚して現状と制度の矛盾、その中でも実際の保育はこういう風におこなわれてきているんだと、それをリアルに論じる、これこそが科学の態度というものではないでしょうか。保育界にこういう「科学観」を提示してみたい気持ちがあります。（2021.9.23）

みんなで本書のタイトルを思案していた頃のメールです。私には以下のようなメッセージであり、エールでもあるように感じられます。

日常の保育の専門家は、保育者であること。

そのため、保育実践を語れる＝科学できる者は、保育者以外には存在し得ないこと。

それを自負すること。

専門家が発する言葉は、意味が理解できなくても強い影響を与えること。

故に、根拠のない言葉をむやみに発してはならないこと。

そのために必要な、相手が理解できる言葉と表現を身につけること。

つまり、日常の保育の専門家は保育者だけであることを自負し、一人ひとりが保育を“自分の言葉”で、“自分たちの言葉”で語り合っていくことが必要ということです。

そのうえで、実践者と研究者が対等に“やりとり”ができる“対話的関係”を築いていくことで、保育の“質”も“社会的評価”も高めていくことが肝要なのだと思います。

田中　康次郎

おわりに

　「よりよい保育がしたいと思ったら、保育の知識を高めるだけでなく、保育情勢さらには社会情勢も学んだ方がいい」という先輩保育士の言葉が今でも耳に残っています。いまも勉強過程の私ですが、保育実践を綴り討議していくなかで、その言葉が深みを増しています。

　思い返せば、2020年の始まりとともに瞬く間に感染が拡大した新型コロナウイルス感染症の影響で、私たちの生活は一変しました。日常生活のみならず、保育現場でもそれまでの運営を大きく変えなければならないと、新しい保育運営を模索していきました。そんな社会の変化とともに、保育所は様々なニーズの変化にも多様に対応してきています。

　このところ都市部の保育所では、おおむね大規模化が進められ、小さい子のクラスでも２０名を超える大集団が増加しています。その中で子ども一人ひとりが主体的に活動し、それを保育者が十分に保障するのは困難とも言える状況にあります。それでも、保育室の使い方などを工夫したり、大集団をグループ分けしたりして集団を小さくすることで落ち着いて活動できるよう、現場での努力で最善を尽くしています。

　子ども一人ひとりが大切にされ、よりよい環境のなかで過ごすことで豊かな子ども時代を過ごしてほしい。そう願いながらも、実際には「もっと人手があったら」と日常的に感じつつ工夫を凝らしているのです。長時間保育があたり前となり、より細やかな配慮を要するようになっているにも関わらず、戦後からほとんど変わることのない保育士の配置基準。ようやく基準が一部改善されようとしていますが、子どもの人権を守る保育を実現するためには現場努力だけでは限界であり、このような状況から脱却していかなければなりません。

　また、子どもの人権と同じように、私たち保育者の人権も保障されるべきなのです。そのためには、声を挙げていくことが必須となります。

　そんなことから、勤務する保育園内だけでなく外部にも保育を語ることのできる仲間を増やし、つながりを広げていくことも必要になってきていると感じています。私自身も、様々なつながりに支えられながら保育を続けています。

　当研究会は、月に１回程度集まりをもち、実践記録を基に保育を語ってきまし

た。そして「保育で大切にしたいことを、自分たちの言葉にする」という思いを形にするために、完成まで本当にたくさんの議論を重ね、こうして皆さんにお届けする運びとなりました。

　本書では、保育現場での実践事例だけでなく、研究会メンバーによる「現場からの保育論考」が記載されています。「論考」と名付けるときも、「私論」にするか、はたまた「試論」なのかと様々な議論がありました。自分の言葉に責任を持ち、理論として発信していくことは保育実践者としても必要なことと、腹をくくる思いで「論考」としました。

　保育実践を伝える時も同じで、自分の頭の内を見せるようで「本当にこれでいいのか？」と、少なからず不安があります。メンバーのひとりであった加用文男さんは「これ、面白いね〜」と時に笑い声あげて面白がり、不安や迷いを吹き飛ばして気付きを与え導いてくださいました。そのやりとりが自分の保育を認めてもらえているという安心感となり、「これでいいのだ」と自分の保育に自信を持たせてくれました。

　また、厳しい保育の状況を支えるには、保育研究者と保育実践者がともに歩んでいく必要性を実感することとなり、保育実践者としての保育観をさらに磨かなければと奮い立たされたのでした。

　伴走してくださっただけでなく、「こうありたい」という保育観を確かなものにしてくださった加用さんに感謝申し上げます。

　ひとなる書房の名古屋研一さんは、論議に寄り添いながら何度も丁寧に聞き取りをしてくださり、表現しきれない思いを言葉にしていくことの橋渡しをしてくださいました。感謝申し上げます。

　時間がかかりましたが、自分たちの保育を自分たちの言葉で表し、理論化して発信する第一歩を踏み出すことができました。本書は読んで終わりではなく、話し合いに活用していただいてこそ活かされると思っています。園内研修や保育者が集まる場だけでなく、学校教育の場でも取り上げていただけると幸いです。

　よりよい保育の未来を切り拓くために、保育者自身が保育を言葉にして語るきっかけとなる一冊になることを願っています。

小林加奈

編著者

保育実践研究会（代表：矢吹 秀徳）

執筆者（50音順）

伊藤 真咲（東京都　公立保育園）

上田 隆也（埼玉県　公立保育園）

小野崎 佳代（東京都　元公立保育園）

加用 文男（京都教育大学名誉教授　故人）

小林 加奈（東京都　公立保育園）

下田 浩太郎（社会福祉法人厚生館 ひらお保育園）

田中 康次郎（東京都　元公立保育園）

内藤 孝子（社会福祉法人造恵会 めぐみ第二保育園）

藤田 朋子（社会福祉法人戸越ひまわり福祉会 あけぼの保育園）

古川 史子（㈱アンジェリカ アンジェリカ東小金井保育園）

松丸 隆哉（千葉県　公立保育園）

矢吹 秀徳（東京都　元公立保育園）

山下 あけみ（元社会福祉法人からしだね 足立区立青井保育園）

＊本書に掲載した事例は、執筆者が現在所属している園の事例とは限りません。また、子ども名・園名は
　仮名にしてあります。

写真／川内 松男
　　　生品保育園（群馬県太田市　p 31下　p 45上　p 63上下　p 131下）
　　　ほしのみや保育園（埼玉県熊谷市　p 83下 p107上）
　　　わらしべの里共同保育所（埼玉県熊谷市　p 31上　p 45下　p 83上下 p 107下　p 131上）

装画／セキ・ウサコ
本文イラスト／セキ・ウサコ　山岡小麦
装幀／山田道弘
DTP制作／リュウズ

保育実践力アップシリーズ5

みんなで保育実践を科学する──大切なことを自分たちの言葉にする

2024年5月5日　初版発行

編著者　保育実践研究会

発行者　名古屋 研一

発行所　㈱ひとなる書房
東京都文京区本郷2-17-13
TEL 03（3811）1372
FAX 03（3811）1383
Email：hitonaru@alles.or.jp

©2024　印刷／中央精版印刷株式会社
＊落丁本、乱丁本はお取り替えいたします。